지구 위를 뜨겁게 걸었던
프런티어들의 깨우침

지구 위를 뜨겁게 걸었던
프런티어들의 깨우침

초판 1쇄 인쇄 | 2016년 11월 14일
초판 1쇄 발행 | 2016년 11월 17일

지은이 | 전창협
펴낸이 | 박영욱
펴낸곳 | 깊은나무

편 집 | 허현자 · 이소담
마케팅 | 최석진 · 임동건
표지 및 본문 디자인 | 서정희 · 심재원

주 소 | 서울시 마포구 월드컵로 14길 62, 4층
이메일 | bookrose@naver.com
페이스북 | facebook.com/bookocean21
블로그 | blog.naver.com/bookocean
전 화 | 편집문의: 02-325-9172 영업문의: 02-322-6709
팩 스 | 02-3143-3964

출판신고번호 | 제313-2007-000197호

ISBN 978-89-98822-30-9 (03320)

이 도서의 국립중앙도서관 출판예정도서목록(CIP)은 서지정보유통지원시스템
홈페이지(http://seoji.nl.go.kr)와 국가자료공동목록시스템
(http://www.nl.go.kr/kolisnet)에서 이용하실 수 있습니다.
(CIP제어번호: CIP2016024549)

지구 위를 뜨겁게 걸었던 프런티어들의 깨우침

전창협 지음

깊은 나무

| 서문 |

'태초에 말씀'이 있고 난 뒤, 많은 말들이 세상을 떠돌았다. 호모 로퀜스Homo loquens, 언어를 쓸 수 있기에 우리는 '인간'이다. 인류가 여기까지 오게 된 데는 언어의 힘이 8할이다.

누구나 말을 할 수 있는 세상이다. 그리고 그 말들은 시차 없이 전달된다. 호모 로퀜스에게 수많은 미디어와 SNS 등 새로운 무기가 장착돼 있기 때문이다. 남에게 말을 하는 것도, 타인의 언어를 접하는 것도 어느 때보다 손쉽다.

소통의 속도 만큼 언어의 공해도 쌓이고 있다. 수많은 이들의 천문학적 말들이 축적되고 있고, 오늘도 숱한 말들이 우리 주변을 맴돈다. 소통의 갈증은 시간이 갈수록 더 해져만 가고 있다. 오래 여운이 가고, 가슴에 남을 말들은 얼마나 될 것인가.

무수히 많은 말들 중에 인류의 역사를 바꿔 놓은 '한 마디'가 여기에 있다. 인류의 프런티어들이기도 했던 그들이 남긴 한 마디는 역사를 새로운 길로 들어서게 하거나 인류의 삶을 한 단계 고양시켰다. 우연히 내뱉었던 한마디가 세상을 바꿔 놓고, 우리가 어렴풋이 열망했던 무엇인가가 누군가의 한마디로 응집되면서 몇 마디의 말이 상상 이상의 폭발력을 불러일으키기도 한다. 그들의 이 삶에서 던진 그 한마디는 오랜 세월, 인류의 위안이 되기도 했다.

하지만, 한편으론 악마의 주술 같은 한 마디가 대중의 무지와 결합하면서 인류에게 씻을 수 없는 재앙을 불러오기도 했다. 이 책에 히틀러나 괴벨스의 궤변을 등장시킨 것도 한마디 말이 갖는 무게의 역설을 보여주고 싶었기 때문이다.

이 책은 헤럴드경제 1면을 통해 연재됐던 〈세상을 바꾼 한마디〉를 기초로 내용을 일부 수정 보완한 것이다. 연재 당시 지면 제약 등의 사정으로 다루지 않았던 글도 추가했다.

신문 연재 시 짤막했던 글들이 한 권의 책으로 독자들에게 선보이기까지 많은 분의 도움이 있었다.

연재 당시부터 지금까지, 물심양면 격려와 지원을 해주셨던 이영만 헤럴드 대표님 등 회사 선배와 동료, 후배들에게 감사의 말씀을 드린다.

밖의 온도가 체온과 같았던, 체감상 사상 최악의 폭염으로 기록된 7~8월 무더위 속에서도 졸고를 편집해 주신 박영욱 대표님 등 북오션 식구들에게도 머리 숙여 고마움을 전한다.

이 책을 쓰면서, 결국 모든 힘의 근원은 가족들이란 걸 다시 한번 깨닫는다.

과한 기대이기도 하지만, 이 책을 접한 어떤 이가 세상을 바꿀 또 다른 한마디를 하게 될 주인공이 되기를 기원해 본다.

2016년 그래도 겨울이 오는, 용산에서 전창협

1

남성 세상에 유리천장을 부순 여성 개척자들의 한마디

2

변혁의 열정으로 세상을 바꾼 사람들의 한마디

1

왼쪽 사진 옆에는 인물의 전체 성명을 넣었고,
오른쪽에는 우리에게 익숙하거나 많이 불리는 이름으로 넣었습니다.

남성 세상에
유리천장을 부순
여성 개척자들의 한마디

001

"여성을 자유롭게 하라!"

메리 울스턴크래프트Mary Wollstonecraft

1759년 영국 런던에서 태어난 여권운동가다. 당시 남아 선호의 사회 분위기 속에서 여자아이라는 이유로 어렸을 때부터 가정에서 차별 대우를 받았고, 폭력에 시달리는 어머니를 지켜봐야 했다. 1792년 《여성의 권리옹호》란 책으로 여성의 권리와 평등을 주장했다. 1797년 사망했다.

“우리 모두는 천부인권을 갖고 있다. 단 여성은 예외다.”

당대 가장 진보적인 지식인이던 루소의 생각이다. 18세기 계몽주의 열풍으로 구체제가 무너지고 인간의 권리에 대한 목소리가 높아졌다. 하지만 여기에서의 ‘인간’은 남성이었다. 메리 울스턴크래프트가 페미니즘의 성서라 불리는 《여성의 권리옹호》를 쓴 배경이기도 하다. 이 책은 상당부분 루소에 대한 반박으로 일관하고 있다.

“여성을 자유롭게 하라. 그러면 그들은 즉시 남성처럼 현명하고 덕이 많은 존재가 될 것이다.”

그는 여성이 복종해야 될 대상은 남성이 아니라 ‘이성理性’이라고 주장했다. ‘페미니즘의 어머니’로 불리는 그가 반기를 든 것은 당시 사회 분위기로는 가히 혁명적인 일이었다. 그로인해 ‘사색하는 뱀’이란 조롱을 듣기도 했다.

지금이야 당연해 보이지만 그가 주장했던 여성 참정권은 100년이 넘어서야 이뤄졌다. 하지만 울스턴크래프트가 “나는 새로운 종의 시조가 될 것이다”라고 했던 말처럼 그는 ‘근대 여성’을 발명한 여권운동가로 역사에 남았다.

002

"3일 동안만 볼 수 있다면."

헬렌 애덤스 켈러Helen Adams Keller

1880년 미국 앨라배마에서 태어난 작가이자 교육자이다. 태어나 19개월 때 시각과 청각을 잃었다. 가정교사인 설리번의 도움으로 시각·청각장애인으로는 처음으로 미국 명문인 래드클리프대학을 졸업했으며 1968년 87세로 삶을 마감했다. 그의 삶은 〈미라클 워커〉란 영화로 널리 알려져 있다.

보지도 듣지도 말하지도 못했던 헬렌 켈러는, 3일만 볼 수 있다면 가장 먼저 가정교사였던 앤 설리번의 얼굴을 보고 싶다고 했다. 설리번은 우물가의 물에 헬렌의 손을 담가 주고 손바닥에 'water'라고 써 주는 방식으로 그에게 단어와 문장을 가르쳤고, 대학 시절 내내 수업 내용을 모두 써 준 살아 있는 스승이었다.

설리번은 야만인에 가까운 7살 소녀 헬렌 켈러를 만나, 평생 그의 곁을 지켰다. 설리번 역시 눈이 좋지 않아 맹인학교에서 교육을 받았고, 몇 차례 수술을 통해 겨우 시력을 찾은 경험이 있었다. 때문에 누구보다도 헬렌 켈러의 입장을 잘 이해할 수 있었다. 설리번은 "외롭고, 사랑받기를 원할 때 헬렌이 내 삶에 들어왔다"고 말했다.

헬렌은 3일만 볼 수 있다면 설리번의 얼굴을 본 다음, 둘째 날은 먼동이 터 오는 모습과 영롱하게 빛나는 하늘을 보고 싶어 했다. 그리고 마지막 날에는 출근하는 사람들의 활기찬 표정과 저녁의 네온사인과 쇼윈도 진열상품을 본 뒤 사흘간 눈을 뜨게 해 준 하느님께 감사의 기도를 드리고 싶다고 했다.

"행복의 한쪽 문이 닫히면 다른 쪽 문이 열린다. 그러나 우리는 닫힌 문을 오랫동안 보기 때문에 우리를 위해 열려 있는 문을 보지 못한다."

1933년 발표된 헬렌 켈러의 글, 〈3일 동안만 볼 수 있다면〉은 세계적인 유명 잡지 《리더스 다이제스트》에서 20세기 최고의 에세이로 선정되었다.

003

"내가 꼭 일어나야 할 필요는 없는 것 같군요."

로자 리 루이즈 매콜리 파크스

Rosa Lee Louise McCauley Parks

1913년 미국 앨라배마 주州에서 출생한 민권운동가다. 1955년 '몽고메리 버스사건'이 몽고메리 버스 보이콧으로 이어져 흑인 차별에 저항하는 광범위한 운동으로 확산되면서 이름을 널리 알렸다. 자서전인《로자 파크스: 나의 이야기》, 회고록인《조용한 힘》을 저술했고, 2005년 사망했다.

▌ 1955년 12월 1일, 30대 초반의 흑인 여성이 일을 마치고 버스에 올랐다. 백인들만 이용하는 전용 식당과 급수대까지 있었던 그 시절, 버스 역시 흑인과 백인의 좌석이 분리돼 있었다. 버스에 백인들이 많이 타자, 백인에게 자리를 주기 위해 운전기사는 이 여성을 포함한 흑인 4명에게 일어나라고 말했다.

"내가 꼭 일어나야 할 필요는 없는 것 같군요."

이 여성은 이를 단호히 거부했고 곧장 경찰에 체포되었다. 이 사건을 발단으로 승차거부운동 등 흑인시민운동이 불길처럼 타올랐다. 결국은 공공시설에서의 인종분리법 폐지라는 결실로 이어졌다. 미국에서 흑인과 백인의 관계를 영원히 바꿔 놓은 운동이란 평가를 받는 일은, 한 여성의 용기에서 시작됐다.

'현대시민권운동의 어머니'라는 호칭을 들은 로자 파크스. 그가 거부한 것은 버스 좌석이 아니라 흑인을 향한 부당한 시선이었던 것이다.

로자 파크스는 자서전에서 이렇게 밝혔다.

"나의 반평생 동안 미국 남부에는 모든 공공장소에서 흑인들과 백인들을 엄격하게 분리하는 법과 관습이 존재했다. 나는 그러한 법과 관습이 공평하다고 생각한 적이 단 한 번도 없다. 어떻게 해서든 그 법을 바꿔야 했다."

004

"죽은 듯 고요한 봄이 왔다."

레이철 루이즈 카슨Rachel Louise Carson

1907년 미국 펜실베니아에서 태어난 환경운동가이다. 펜실베니아여대에서 영문학을 공부하다 생물학으로 전공을 바꿨다. 1962년 출간한 《침묵의 봄Silent Spring》은 환경운동의 촉매제가 된 걸작으로 그의 이름을 널리 알렸다. 1964년 암으로 사망했다.

해충을 박멸하려던 인간은 땅을 오염시키고, 새들을 떠나보내고, 결국 '침묵의 봄'을 불러왔다. 여성과학자 레이철 카슨이 《침묵의 봄》에서 묘사한 한 마을의 우화는 충격적이었다. 환경과 조화를 이루며 살아가던 마을에 사악한 저주가 덮치면서 소와 양이 앓다 죽고, 어른들에 이어 아이들까지 죽음을 맞는다.

"새들은 도대체 어디로 가 버린 것일까. 새들의 합창은 사라지고 죽은 듯 고요한 봄이 왔다."

이 책이 나오자 화학업계는 거세게 반발했고 카슨은 광신자, 공산주의자란 소리까지 들었다.

책을 쓸 때 이미 병마와 싸웠던 카슨은 2년 뒤 57세의 나이로 세상을 떠났다.

카슨은 환경문제에 대한 대중의 관심을 이끌어낸 '환경운동의 어머니'로, 환경정책과 환경운동을 태동시킨 실천적 지성이란 평을 받았다. 자연과 인간 및 환경과 개발에 대한 〈리우 선언〉, 〈지구의 날〉 제정 등 환경운동에 앞장섰으며 《침묵의 봄》을 썼다.

005

"패션은 사라지지만 스타일은 영원하다."

가브리엘 보뇌르 샤넬Gabrielle Bonheur Chanel

1883년 프랑스에서 태어난 패션 디자이너다. 가수 지망생으로 카바레에서 노래를 부르던 당시의 예명이었던 '코코'라는 애칭으로 유명하다. 기존 질서의 전복을 꾀한 디자이너로 명성을 떨쳤고, 1971년 컬렉션을 준비하던 중 파리에서 87세에 사망했다.

20세기 여성 패션의 혁명가 샤넬은 "일할 시간과 사랑할 시간, 그밖에 어떤 시간이 필요하단 말인가."라고 스스로 얘기할 정도로 일과 사랑이 삶의 전부였다.

모자 가게를 시작으로 패션 시장에 진출한 샤넬은 남성들이 주로 입던 스웨터나 카디건 등을 응용해 여성 의상으로 재탄생시키며 화제를 불러일으켰다.

여기에 단순하고 실용적인 디자인을 통해 새로운 여성 라이프스타일을 탄생시켰다. 샤넬 디자인을 각인시킨 것은 1926년 발표한 리틀 블랙 드레스로, 남성들이 상복으로나 입던 검정 의상을 최고급 여성복에 적용한, 기존 관념을 전복시킨 아이디어로 선풍적인 인기를 끌었다.

20세기의 가장 위대한 패션 디자이너 샤넬은 여성을 코르셋으로부터 해방시키고, 가방에 어깨끈을 달아 손에 자유를 안겼으며 여성들에게 바지를 입혀 여성의 삶에 편안함을 가져다주었다.

"패션은 사라지지만 스타일은 영원하다."

그의 말처럼 샤넬의 스타일은 끊임없이 거리를 활보하고 있으며, 그는 세상을 떠났어도 샤넬 브랜드는 전 세계 어디서든 볼 수 있다.

006

“나에게는 조각가의 기억력이 필요해요.”

마리아 스크워도프스카 퀴리Maria Skłodowska Curie

1867년 폴란드 바르샤바에서 태어난 과학자다. 본명은 마리아 스크워도프스카로 물리학자인 피에르 퀴리와 결혼했다. 물리학자 겸 화학자로 활약하며 라듐을 발견하는 등 방사능 분야의 선구자로 노벨상을 2번이나 받았다. 남편이 죽은 뒤 그가 강의하던 소르본 대학에서 최초의 여자 교수로 재임했다. 1934년 요양소에서 사망했는데 이때 사망 원인은 방사능으로 인한 골수암으로 알려져 있다.

한 국가도 아니고 한 집안에서, 노벨상을 5개나 받는 대기록을 세운 노벨상 가문이 있다. 바로 퀴리 부인 집안이 그 주인공이다. 퀴리 부인은 1903년에 남편과 함께 물리학상을 받았고, 1911년에 화학상을 수상했다. 1935년에는 딸이 사위와 함께 화학상을 공동 수상했다. 마리 퀴리는 여성으로서 처음은 물론 부부, 모녀, 최초로 2개의 다른 과학 부문에서 상을 받은 기록도 갖고 있다.

1911년 화학상을 받았을 때 마리 퀴리는 남편을 잃은 뒤였다. 남편 피에르 퀴리는 1906년 마차에 치어 47살의 젊은 나이에 세상을 떠났다. 마리 퀴리는 한동안 남편의 체취가 남아 있는 실험실에 가지 않을 정도로 큰 충격을 받았다.

"나에게는 미술가나 조각가의 기억력이 필요해요. 당신이 항상 내 눈에 보이고 기억이 살아있어 당신의 사랑스러운 모습이 지워지지 않고 성실하게 내 곁에 있게 하기 위해서죠."

남편을 잃은 뒤 일기에 이렇게 적은 퀴리 부인은 "실험실에 종일 있는 것, 이것이 내가 할 수 모든 것"이라며 다시 연구에 몰두했다. 그리고 마리는 1911년 노벨화학상을 수상한다.

마리 퀴리가 세상을 떠나자 1995년 프랑스 위인들만 안장되어 있는 팡테옹에 남편과 함께 이장됐다. 이 역시 여성으로는 최초의 기록이었다.

007

"어머니가 될 것인가 되지 않을 것인가를 뜻대로 선택하기 전까지는 어떤 여성도 스스로 자유롭다고 말할 수 없다."

마거릿 루이즈 생어Margaret Louise Higgins

1883년 미국 뉴욕에서 태어난 여성운동가다. 초등학교 교사를 지내다 간호학교를 졸업하고 간호사가 됐다. 빈민가에서 근무하는 동안 빈곤과 다산이 빈민가 엄마와 자녀의 사망률을 높인다는 점을 알게 된 뒤 산아제한운동을 주창해 여성운동가로 이름을 날렸다. 1953년 국제산아제한연맹을 만드는 데 큰 몫을 했다. 1966년 사망했다.

▌ 아이 낳는 기계 취급을 받았던 여성이 스스로 임신과 출산 여부에 대한 권리를 가져야 한다고 최초로 주장한 사람은 마거릿 생어였다. 지금은 당연하지만 생어가 이 얘기를 했던 1900년대 초만 해도 미국에선 기독교 교리를 내세어 피임이 엄격하게 금지됐다. 피임에 대한 교육조차 불법이었다.

원치 않게 임신한 여성이 혼자 유산하려 애쓰다 죽는 사례가 빈번했다. 생어 역시 11명의 자녀를 낳고 50세에 세상을 떠난 어머니를 보면서, 과도한 출산은 빈곤으로 이어진다는 것을 깨달았다.

뉴욕에서 간호사를 하던 생어는 스스로 유산을 하려다 결국 젊은 나이에 죽는 가난한 노동자의 아내를 보게 된다. 피임법을 알려 주는 게 불법이어서 의사가 알려 주지 않았기 때문이었다.

그녀는 1916년 뉴욕 변두리에 미국 최초로 산아제한클리닉을 차리고, 여성 스스로 임신을 결정해야 한다는 산아제한운동에 나섰다. 이곳에서 법으로 금지된 피임법을 가르치다 실형을 받기도 했다. 하지만 이후 국제산아제한 연맹이 만들어지는 등 여성해방운동이 본격화되는 계기가 됐다.

특히 20세기 위대한 발명품의 하나로 꼽히는 경구용 피임약 개발을 주도했다. 피임약의 개발로 여성들은 원치 않는 임신과 출산에서 벗어나게 됐고, 이는 곧 여성해방운동의 시작이 되었다.

008

“오전 9시 40분 30초,
나는 세계 일주를 시작했다.”

엘리자베스 제인 코크런Elizabeth Jane Cochran

1864년 미국 펜실베니아에서 태어난 기자이자 작가다. 넬리 블라이는 필명이며, 〈피츠버그 디스패치〉에 글을 쓰면서 기자가 됐고, 세계 일주와 정신병원 환자들의 학대 등 탐사 보도에서 기자로서 뛰어난 재능을 발휘했다. 1922년 사망했다.

▌ 1889년 미국 신문사 〈뉴욕월드〉 편집국에 당시로 거의 없었던 한 여기자가 놀라운 취재 계획을 냈다. 쥘 베른의 소설 《80일간의 세계 일주》의 경로를 따라 실제로 직접 80일간의 세계 일주에 나서겠다는 제안이었다.

여자 혼자서 위험할 것이란 목소리를 잠재우고, 25살 넬리 블라이는 홀로 런던행 기선에 올랐다.

"1889년 11월 14일 목요일 오전 9시 40분 30초에 나는 세계 일주를 시작했다."

그리고 소설보다 8일이나 빠른 72일 6시간 11분만인 1890년 1월 25일, 거짓말처럼 뉴욕에 나타났다. 대서양을 건너 유럽에서 수에즈 운하를 지나, 일본 요코하마에 들러 태평양으로, 세계 최단 일주 기록이었다. 프랑스에서 쥘 베른을 찾아가 인터뷰한 것은 물론이었다. 이 여행기로 〈뉴욕월드〉의 잡지 판매 부수가 늘었고, 넬리 블라이도 유명인사가 됐다.

그는 또한 당찬 여기자로 유명했다. 세계 일주 뿐 아니라 10일 동안 정신병원에 잠입해 환자들의 인권유린 실태를 폭로해 사회에 충격을 주었고 미국의 의료시스템 개선을 이끌어냈다. 이는 세계 최초의 탐사보도이자, 전설로 남아 있다.

그는 "올바른 방향으로 에너지를 집중한다면 불가능한 일은 없다"고 믿었고, 실제로 불가능을 가능으로 바꿔 놓았다.

009

“생명이란 귀한 선물이 오로지 간호사 손안에 놓여진다.”

플로렌스 나이팅게일 Florence Nightingale

1820년 영국인 부모가 피렌체를 여행하던 중 태어난 간호사이자 통계학자다. 1854년 크림전쟁에 종군 간호사로 활약한 뒤 군 의료 개혁에 헌신했다. 1859년 나이팅게일 간호학교를 설립했고 《간호론》을 저술하면서 간호학의 기초를 닦았다. 1910년 세상을 떠나면서 화려한 장례를 치르지 말라는 유언을 남겨, 묘비에 탄생과 사망 연도만 기록돼 있을 정도로 간소하다.

'백의의 천사', '등불을 든 여인'이란 별명이 있었지만 플로렌스 나이팅게일은 고집이 세고 강인한 여성이었다. 간호사가 하녀 취급을 받던 영국 빅토리아 시대, 부유한 집의 17세 소녀가 간호사가 되겠다고 하자 집안이 발칵 뒤집혔다. 하지만 그녀는 고집을 꺾지 않았고 10년 후 간호사 교육을 받기 시작했다.

그가 명성을 얻은 것은 1854년 38명의 간호사를 데리고 크림전쟁터로 가면서부터다. 참전했던 영국군은 전사자보다 병사자가 3배나 될 정도로 사정이 열악했다. 전쟁터에 도착한 나이팅게일은 철저한 위생 관리로 환자별 사망률을 42%에서 2%로 획기적으로 떨어뜨렸다.

크림전쟁 이후에도 간호학교를 설립하고 최초로 여성 의과대를 세웠으며, 《간호론》 등 간호학의 고전을 저술했다. 실제 간호사로 활동한 시간은 몇 년 안 되지만 오늘날 간호사가 되기 위한 선서로 하는 〈나이팅게일 선서〉 속에 그녀의 정신이 살아 있다.

그녀가 저술한 《간호론》의 한 구절은 지금 읽어 봐도 간호사의 직업윤리를 정확하게 지적한 명문이다.

"간호사는 진지하고 정직해야 하지만 그보다 종교적이고 헌신적이어야 한다. 자신의 직업에 대한 소명감을 가져야 한다. 생명이라는 신의 귀한 선물이 오로지 그의 손안에 놓여지기 때문이다."

010

“나는 영국과 결혼했다.”

엘리자베스 튜더Elizabeth Tudor

1533년에 태어난 영국의 정치인이다. 1558년 즉위해 1603년까지 44년간 영국을 통치했다. 독신인 탓에 ‘처녀 여왕The Virgin Queen’이라 불렸으며 영국의 중흥기를 이끌었다. 미국의 대표적인 신문인 〈뉴욕타임스〉는 1999년에 20세기 최고의 정치지도자로 그를 꼽기도 했다.

▌ 엘리자베스 1세가 왕위에 오른 것은 우연이나 다름없었다. 아버지인 헨리 8세는 딸들에게 무심했고, 어머니는 간통과 반역죄로 처형되었으며, 그는 공주 직위마저 박탈당했다. 이복 언니 메리는 끊임없이 그를 괴롭혔으며, 왕위 계승에서 그가 제외된 것은 당연한 일로 여겼다. 하지만 이복 언니 메리 1세가 갑자기 죽자 25세의 나이에 뜻하지 않게 왕위에 올랐다.

왕에 오르자 "나는 영국과 결혼했다"며 평생을 독신으로 지냈다. '국가와 결혼한' 엘리자베스 1세는, 영국을 '해가 지지 않은 나라'로 만든 위대한 국왕으로 늘 첫손에 꼽힐 정도로 많은 업적을 남겼다.

중상주의정책으로 나라 곳간을 가득 채웠고, 당시 해상을 장악했던 세계 최고의 스페인 무적함대를 격퇴시키면서 세계제국의 틀을 마련하고 셰익스피어로 대표되는 영국의 황금 시대를 열었다. 국민들은 '훌륭한 여왕 베스'라고 칭송할 정도로 그를 좋아했다.

세상을 떠나기 2년 전 의회에서 '황금연설'로 불리는 마지막 연설을 남겼다.

"왕관은 남이 쓴 모습을 볼 때 영광스러운 법이지만, 직접 써 보면 그다지 즐겁지 않다."

011

“사람을 춤추게 하는 것은 영혼과 정신이지 기교가 아니다.”

이사도라 덩컨Isadora Duncan

1878년 미국 샌프란시스코에 태어난 무용가다. ‘현대무용의 개척자’, ‘현대무용의 어머니’로 평가받는 현대무용가다. 신발을 신지 않아 ‘맨발 무용’이란 소리를 들을 정도로 파격적이고 독특한 무용을 창시하며 전통에 도전했다. 말년을 파리에서 보내다가 1927년 불의의 사고로 세상을 떠났다.

미국 태생인 이사도라 덩컨이 예술적 재능의 꽃을 피운 곳은 유럽이었다. 토슈즈를 거부하고 맨발로 무대에 올랐고, 누드에 가까운 옷차림은 늘 논란의 대상이 되었다. 하지만 한쪽에선 그리스 전통의상 튜닉을 걸치고 맨발로 춤추는 그를 '여신'이라 부르며 환호했다.

"사람을 춤추게 하는 것은 영혼과 정신이지 기교가 아니다."

덩커니즘Duncanism으로 알려진 이 말은, 그를 모던 댄스의 개척자로 칭송받게 했던 한마디다.

49년밖에 안됐지만 그의 삶은 강렬했다.

'맨발의 이사도라'는 자유로운 몸짓만큼 사생활도 거침이 없었다. 숱한 남성 편력이 있었다는 소문이 그를 늘 괴롭혔다. 또, 독신을 고수하면서 얻은 2명의 아들 모두 의문의 자동차 사고로 잃었다. 아이들이 죽은 뒤 러시아로 떠나 15세 연하의 시인 예세닌을 만나 결혼했지만, 그 역시 〈잘 있어라, 벗이여〉라는 유작시를 남긴 채 권총으로 자살했다.

천재 시인 예세닌을 잃은 이사도라 역시 자동차 드라이브 중 목에 두른 스카프가 바퀴에 감겨 질식사하면서 드라마 같은 삶을 마쳤다.

012

"우린 앞으로 단짝 친구가 되는 거야."

안네 프랑크 Anne Frank

1929년 독일 프랑크푸르트에서 태어난 작가다. 비극의 시작은 아버지가 유대인 은행가라는 것이었다. 히틀러가 유대인 차별 정책을 펼치자, 안네의 가족은 네덜란드로 망명했다. 하지만 독일이 네덜란드를 점령하자 미국으로 망명을 시도하지만 실패했다. 나치를 피해 은신했지만 결국 발각되어 강제 수용소로 끌려갔고 그곳에서 삶을 마감했다.

▌《안네의 일기》는 안네가 13번째 생일 때 받은 일기장에서 시작되었다. 일기를 쓴 첫날인 1942년 6월 14일은 이틀 전을 기록하고 있다. 이날 일기의 마지막은 "우린 앞으로 단짝 친구가 되는 거야"였다.

이 일기는 2년 뒤인 1944년 8월 1일까지 이어졌다. 암스테르담에 있는 은신처에서 독일군에 체포되기 사흘 전이다. 그리고 일곱 달 뒤인 1945년 3월, 안네는 유대인 강제수용소에서 생을 마감한다. 영국군이 수용소로 들어와 구출되기 한 달 전, 안네의 나이 16살 때였다.

《안네의 일기》가 세상에 빛을 보게 된 것은 미프 히스 덕분이었다. 안네의 아버지가 운영하는 회사에서 일했던 히스는 프랑크 가족이 잡혀간 뒤 다락방에서 안네의 일기를 발견했다. 그는 전쟁이 끝난 뒤 살아 돌아온 안네의 아버지 오토에게 일기 뭉치를 건넸고, 이 일기는 《한 어린 소녀의 일기》라는 책으로 출간됐다.

나치의 유대인 학살을 피해 네덜란드 암스테르담에서 부모와 은신처에서 살면서 외톨이로 지냈던 안네 프랑크는, 전쟁에 대한 두려움, 일상의 즐거움과 미래에 대한 희망을 일기에 기록했다. 사춘기의 한복판을 통과하던 안네에게 '단짝'과도 같았던 일기장에 써 내려간 소녀의 기록은 어떤 역사 기록보다 인류에 강한 메시지를 안겨주었다.

013

"하느님의 연필이 바로 나다.
하느님은 작은 몽당연필로
좋아하는 것을 그리신다."

아그네스 곤자 보야지우 Agnes Gonxha Bojaxhiu

1910년 현재의 마케도니아공화국에서 태어난 종교지도자다. 어려서부터 인도에 가기를 소원했던 그는, 수녀가 된 뒤 1948년 인도의 빈민가에 '사랑의 선교회Missionaries of Charity'를 설립해 빈민들을 위해 헌신했다. 1979년 노벨평화상을 받았고, 1997년 그가 선종했을 때 인도는 국장으로 그의 죽음을 예우했다.

"새벽에 기도하고 묵상한 뒤 바로 빨래를 합니다. 옷이 두 벌밖에 없어서 빨지 않으면 안 되니까요."

한국을 방문한 테레사 수녀는 흰색 사리가 두 벌밖에 없다는 소박한 얘기를 했다. 가난한 이들의 성자, 테레사 수녀는 검은 수녀복을 벗고 인도의 가장 미천한 여인의 상징인 흰색 사리를 입었다. 빈민가 바닥만을 찾던 그를, 인도인은 '어머니mother'라 불렀다.

"하느님의 연필이 바로 나다. 하느님은 작은 몽당연필로 좋아하는 것을 그리신다. 하느님은 우리가 아무리 불완전한 도구일지라도 그것으로 정말로 아름다운 그림을 그리신다."

그는 자신을 하느님의 작은 도구일 뿐이라고 낮춰 말했다. 노벨평화상을 받았지만 "상금으로 빵을 몇 개나 살 수 있을까?"라고 물었다. 죽음을 앞두고도 비싼 치료를 거부했다.

1997년 미국 일간지인 〈USA투데이〉가 인간 복제가 실현된다면 누구를 복제하고 싶으냐는 설문조사를 실시했다. 1위는 테레사 수녀, 2위는 레이건 전 미국 대통령, 3위는 농구 선수 마이클 조던이었다.

014

“빵이 없으면
케이크를 먹으면 되지.”

마리 앙투아네트 조제프 잔 도트리슈 로렌

Marie Antoinette Josephe Jeanne D'Autriche Lorraine

1755년 빈에서 신성로마제국 황제 프란츠 1세와 오스트리아 제국의 여제 마리아 테레지아 사이에서 막내딸로 태어났다. 1770년 오스트리아와 숙적이었던 프랑스와의 동맹을 위해 루이 16세와 정략결혼했다. 프랑스혁명으로 1793년 생일을 2주 앞둔 38살의 나이로 단두대에 올랐다.

1789년 7월 14일, 파리 시민이 바스티유 감옥으로 몰려들었다. 루이 16세는 "폭동이 일어났군!"이라고 외쳤고, 옆에 있던 공작은 "혁명"이라고 말했다. 세계사를 바꾼 프랑스혁명의 시작이었다.

"빵이 없으면 케이크를 먹으면 되지."

빵을 달라고 외치는 시민들을 향해 왕비 앙투아네트가 남긴 말이었다.

이 발언의 주인공은 앙투아네트가 아니라는 것이 정설이기는 하지만, 이 같은 발언은 앙투아네트의 사치와 굶주린 민중을 극적으로 대비시키며 프랑스혁명의 불을 지핀 세기의 한마디로 남았다.

프랑스혁명 뒤, 루이 16세와 '베르사유의 장미'이자 '적자부인赤字婦人'이라는 조롱을 받았던 앙투아네트는 궁정에서 감옥으로, 감옥에서 다시 단두대의 이슬로 사라졌다.

하지도 않은 말의 주인공이 된 앙투아네트의 비극의 출발은 정략결혼이었다. 앙투아네트는 14살에 훗날 루이 16세가 되는 프랑스 왕세자 루이 오귀스트와 결혼했다. 프랑스 국민들은 그를 '오스트리아 여자'라고 비하했고, 반역자로 지목돼 단두대에서 처형당하자 '오스트리아 여자의 머리가 떨어졌다'고 국민들은 환호했다.

2

왼쪽 사진 옆에는 인물의 전체 성명을 넣었고,
오른쪽에는 우리에게 익숙하거나 많이 불리는 이름으로 넣었습니다.

변혁의 열정으로
세상을 바꾼
사람들의 한마디

001

"그래도 지구는 돈다."

갈릴레오 갈릴레이Galileo Galilei

1564년에 이탈리아 피사에서 태어난 과학자이자 철학자다. 음악가인 아버지 영향으로 음악에 재능을 보였지만, 아버지의 권유로 의대에 진학했다. 지동설을 주장해 과학자로 이름을 떨쳤지만, 교회와 대립하면서 지동설을 철회했으며, 망원경을 개발해 달 표면을 관찰하기도 했다. 아이작 뉴턴이 태어난 1642년 세상을 떠났다.

1633년 4월 21일, 갈릴레오 갈릴레이가 교황청으로 소환됐을 때 이미 그는 종교재판의 전력이 있는 인물이었다. 망원경으로 태양의 흑점, 달의 표면 등을 관찰하고 코페르니쿠스의 지동설을 옹호한다고 했던 그는 이미 1616년에 지구가 하늘의 중심이라는 얘기를 하지 않도록 교황청에서 서약한 바 있었다.

하지만 그는 《대화》라는 책을 통해 또다시 지동설을 우회적으로 주장했고, 이 때문에 교황청의 종교재판에 회부됐다. 갈릴레오는 종교재판에서 "이단적 의견을 철회하고, 앞으로 의혹을 살 만한 내용은 말로든 글이든 주장하지 않을 것을 맹세한다"고 말해 목숨을 건졌는데, 종교재판이 끝난 뒤 그의 신념대로 "그래도 지구는 돈다"라고 중얼거렸다는 얘기가 후대에 전해졌다.

인간의 '지구 중심주의'를 깨뜨린 상징적인 이 이야기가 최근 학계의 의견에 따르면 낭설일 가능성이 높다고 한다.

갈릴레이가 이런 말을 했다는 것은 당시의 어떤 기록에도 남아 있지 않다. 교단 측이 그런 얘기를 듣고 갈릴레이를 무사히 놔주지 않았을 것이기 때문이다. 그럼에도 이 한마디가 갈릴레오의 말로 오랫동안 전해지는 이유는, 진실은 어떤 경우라도 진실이라는 점을 웅변적으로 말해 주고 있기 때문이다.

002

“인류에 가장 큰 공헌을 한 사람을 선정, 상금을 지급한다.”

알프레드 베른하르드 노벨Alfred Bernhard Nobel

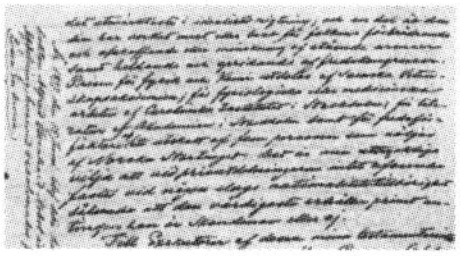

1833년 스웨덴 스톡홀름에서 태어났다. 건축업자이자 발명가였던 아버지를 따라 핀란드·러시아·미국 등에서 살았다. 니트로글리세린 공장을 세워 거둔 큰 성공을 발판으로 다이너마이트를 발명해 부호가 됐다. 1896년 이탈리아 산레모 별장에서 사망했다. 그의 기부금으로 1901년 노벨상 제도가 시행됐다.

▌ "재산은 안전한 유가증권에 투자하며, 그 이자로 지난해 인류에 가장 큰 공헌을 한 사람들을 선정해 상금의 형태로 지급한다."

1896년 노벨의 유서가 공개되자 그의 가족은 물론 조국 스웨덴도 경악했다. 가족들은 어마어마한 유산을 물려받지 못한 것에 대해, 스웨덴 국민은 조국을 위해 돈을 쓰지 않았다는 것에 대해 비난을 퍼부었다.

'스웨덴' 하면 노벨상이 떠오르지만, 정작 노벨은 스웨덴에 그리 오래 머물지 않았다. 스톡홀름에서 태어났지만 아버지의 사업 실패로 아홉 살 때 러시아로 간 이후 스웨덴에는 몇 차례 잠시 머물렀을 뿐이다.

노벨은 독일, 스코틀랜드, 미국, 프랑스 등을 옮겨 다니며 살았고, 종국에는 이탈리아 산레모 저택에서 죽음을 맞았다.

다이너마이트로 큰돈을 번 노벨이 재산을 내놓은 데는 오인된 부음 기사의 영향이 컸을 것이라는 미확인 설이 있다. 1888년 파리의 한 신문이, 노벨 형의 사망을 노벨의 사망으로 잘못 기재한 부음 기사를 냈다. 노벨은 '죽음의 상인 숨지다'로 시작되는 자신의 부음 기사에 충격을 받았다. '죽음의 사업가'란 오명으로 자신의 삶을 끝내고 싶지 않았던 노벨은, 인류의 평화를 위해 거액의 재산으로 노벨상을 만들었다.

003

"바닥에는 풍부한 공간이 있다."

리처드 필립스 파인만 Richard Phillips Feynman

1918년 미국 뉴욕에서 태어난 물리학자다. MIT를 졸업하고 24살에 프린스턴 대학에서 박사 학위를 받았다. 제2차 세계대전 중에는 미국의 원자폭탄 개발계획에 참여했고, 1950년부터 캘리포니아 공과대학교Caltech의 교수로 일했다. 1965년 노벨물리학상을 받았고, 1988년 사망했다.

“우리는 왜 브리태니커 백과사전 24권 전체를 핀 머리에 기록할 수 없을까요? 핀 머리 지름은 1.6mm, 이를 2만 5000배 확대하면 브리태니커 백과사전을 모두 펼쳐놓은 넓이와 같습니다. 백과사전에 기록된 모든 것을 2만 5000분의 1로 축소해 기록하면 됩니다. 그런데 이것이 가능할까요?”

1959년 12월 29일 미국 캘리포니아 공과대학 물리학자 리처드 파인만은 ‘바닥에는 풍부한 공간이 있다’란 제목의 강연을 통해 혁명적인 화두를 던졌다. “바닥은 없는 것 같아서 얼마든지 파면 팔수록 깊이 파고들 수 있다”는 것이다.

이 발언은 극미세 기술인 나노nano의 세상을 연 혁명적인 한마디가 됐다. 당시 파인만의 도발적인 문제 제기에 청중들은 의심의 눈초리를 보냈다. 요즘과 같이 선크림이나 에어컨 등 생활 곳곳에 나노 기술을 응용한 제품이 널리 쓰이고 있는 현실을 보았다면 청중들의 생각은 달라졌을 것이다.

“나는 늘 이런 식으로 멍청했다. 나는 가끔 내가 누구에게 말하고 있는지 잊어버린다.”

파인만은 장난도 심했고, 화가에 봉고 연주까지 다양한 재주가 많았으며, 노벨물리학상 수상이 말해주듯, 그는 아인슈타인과 함께 20세기를 대표하는 물리학자로 손꼽히고 있다.

004

"내 손에 피가 묻어 있는 것 같습니다."

줄리어스 로버트 오펜하이머
Julius Robert Oppenheime

1904년 미국 뉴욕에서 태어난 핵물리학자, 이론물리학자다. 하버드대 화학과를 최우등으로 졸업한 뒤 캘리포니아공대 등에서 교수로 학생들의 인기를 얻었다. 원자탄을 만들기 위한 '맨해튼 프로젝트'에 주도적으로 참여했지만 곧 후회했고, 1950년에는 수소폭탄 제조계획에 반대했다. 1967년 62세의 나이로 세상을 떠났다.

▌ 1942년 미국은 2차 세계대전을 신속히 끝낼 무기 개발에 착수한다. '맨해튼 프로젝트'로 불린 신무기 개발의 총지휘자는 뜻밖에도 38살에 불과한 과학자였다. 당시 로버트 오펜하이머는 천재 과학자로 널리 이름을 떨치고 있는 중이었다.

이 프로젝트에 참여한 과학자들은 '핵무기를 인간에 사용하는 것이 옳은가'에 대한 회의를 품기도 했었지만, 오펜하이머는 "핵무기가 모든 전쟁을 종식시킬 수 있을지도 모른다"고 말했다. 그리고 1945년 7월 원자폭탄의 개발에 성공했고, 그 결과 실제로 히로시마에 원자폭탄이 투하되기에 이른다.

이 프로젝트에 참가한 과학자들은 언론의 찬사와 대중의 존경을 한 몸에 받았다. 하지만 '원자폭탄의 아버지'로 불린 총책임자 오펜하이머는 원폭 투하로 수많은 사망자가 생기자 곧바로 원폭 개발을 후회했다. 그는 트루먼 대통령에게 "각하, 내 손에 피가 묻어 있는 것 같습니다."라고 말할 정도로 괴로워했다.

"우리는 대단히 끔찍한 무기를 만들었고, 이는 세상을 한순간에 완전히 바꿔 놓았다. 우리는 과연 과학이 인간에게 유익하기만 한 것인가 하는 질문을 던지게 됐다."

수소폭탄 개발에 반대했던 것은 물론, 핵무기가 미국과 전 세계에 위협이 될 것이라며 유엔 차원의 핵무기 개발 제한 주장까지 펼쳤던 오펜하이머는, '과학과 윤리는 무엇인가'란 어려운 숙제를 두고 평생 고민하였다.

005

"영감은 오랜 시간 준비해 온 사람에게만 찾아온다."

루이 파스퇴르 Louis Pasteur

1822년 프랑스 동부 돌에서 태어난 그는 세계적인 세균학자로 세균학의 아버지로 불린다. 전염성 질병의 원인이 병원성 미생물이라는 학설을 주창했으며 미생물의 창시자라는 영예를 안았다. 파스퇴르 연구소 소장을 지냈고, 1895년 세상을 떠났다. 오늘날까지 많은 프랑스 시민들은 그가 나폴레옹보다 더 위대한 업적을 남겼다고 칭송한다.

탄저병 백신을 발명해 유명해진 루이 파스퇴르가 대중적으로 널리 알려지게 된 계기는 광견병 백신을 개발하면서부터이다. 1885년 7월 6일, 파스퇴르는 미친개에 물린 소년에게 자신이 만든 광견병 백신을 주사했는데 결과는 대성공이었다. 인류가 치명적인 또 하나의 질병을 극복하는 역사적인 날이자 파스퇴르란 이름을 세상에 각인시키는 순간이었다.

또한 그는 와인의 산화 원인이 효모 속 박테리아란 사실을 입증하고, 저온살균법을 고안했다. 저온살균법은 와인이 빨리 시어지는 프랑스 포도주 생산 농가의 가장 큰 고민을 해결하며 프랑스 와인 업계에 공헌했다. 그의 업적은 인류의 발효과학을 획기적으로 개선한 것으로 평가되고 있다.

이전에는 미생물은 단순한 물질로부터 발생한다는 '자연발생설'이 주류였지만, 파스퇴르는 미생물은 자연히 발생하는 것이 아니라 공기 중 미생물이 용액으로 들어가기 때문이라고 반박했다. 실제로 실험을 통해 이를 증명하며 기존 학설을 완전히 뒤엎었다.

"영감은 그것을 얻으려고 오랜 시간 준비해 온 사람에게만 찾아온다"는 파스퇴르의 말처럼, 인류가 광견병과 같은 치명적인 병에서 벗어나고 맥주나 와인을 마실 수 있게 된 데는 일평생을 준비하는 자세로 살았던 그의 노력 때문인지도 모른다.

006

"거인들의 어깨 위에
올라섰기 때문이다."

아이작 뉴턴 Isaac Newton

1642년 영국 링컨셔에서 태어난 물리학자이자 수학자, 천문학자다. 케임브리지 대학에서 공부했고 만유인력의 법칙을 발견했으며, 반사망원경을 제작했고 미적분학의 고안과 정립 등 다방면에서 많은 업적을 남겼다. 1672년 왕립학회 회원이 됐고 1727년 65세의 나이로 세상을 떠났다.

1665년과 1666년, 뉴턴이 고향에서 보냈던 이 시기를 사람들은 '기적의 해'라고 부른다. 인류에게 '기적의 해'를 가져다 준 계기는 페스트의 창궐이었다. 흑사병으로 대학이 일시 휴업에 들어가, 뉴턴은 케임브리지 대학에서 고향으로 돌아왔다. 스물넷, 스물다섯의 뉴턴은 이 시기에 20개 넘는 다양한 주제를 동시에 연구했다.

인류의 역사를 바꾼 사과로 꼽히는 에덴동산의 '선악과', 애플사의 로고로 유명한 '먹다 만 사과'에 이어 만유인력의 법칙을 발견하게 한 '뉴턴의 사과' 역시 1666년의 일이며, 미적분학, 천체역학 역시 마찬가지다. 태양과 달, 지구가 같은 물리력의 영향을 받는다는 뉴턴의 주장은 인류의 세계관을 송두리째 바꿔 놓았다.

"만약 내가 다른 사람들보다 더 멀리 볼 수 있었다면, 그것은 바로 거인들의 어깨 위에 올라섰기 때문입니다."

그는 갈릴레이나 케플러 등 우주와 자연의 법칙을 연구했던, 앞선 과학자들 앞에서 겸손해했지만 이후 인류는 그의 어깨 위에서 거대한 한 걸음을 내디뎠다.

뉴턴의 장례식을 주관한 영국 시인 알렉산더 포프의 추모시 첫마디로 유명하다.

"자연과 자연법칙은 어둠에 잠겨 있었다. 신께서 '뉴턴이 있어라!' 하시자, 세상이 밝아졌다."

007

“우연히 그것을 발견했을 뿐이다.”

알렉산더 플레밍 Alexander Fleming

1881년 스코틀랜드에서 태어난 세균학자다. 세인트메리 의대를 졸업했고, 제1차 세계대전 기간에 야전병원에서 복무했다. 모교로 돌아와 세균학과 면역학을 공부해 최초의 항생제인 페니실린의 발명으로 역사에 이름을 남겼고, 페니실린 상용화의 공로로 1945년 노벨생리학·의학상을 공동수상했다. 1955년 심장마비로 세상을 떠났다.

▌ 1928년 9월, 휴가를 마치고 병원으로 돌아온 알렉산더 플레밍 박사는 탄성을 질렀다. 포도상구균을 배양하는 접시 중 하나에 곰팡이가 생겼기 때문이다. 플레밍은 순간 영감에 사로잡혔다. 이는 배양 접시에서 자란 푸른곰팡이 주변에 세균이 없다는 것을 보여 주는 증거였다. 푸른곰팡이가 강력한 살균력을 지닌 물질이란 사실이 밝혀진 것이다.

특별한 곰팡이의 발견은 우연과 행운의 연속이었다. 아래층 연구실에서 배양하던 푸른곰팡이가, 바람을 타고 연구실의 열린 창문을 통해 날아들어 와 포도상구균 배양 접시를 오염시켰다. 우연히 일어난 일이었다. 많고 많은 곰팡이 중 운 좋게도 유일하게 페니실린을 생산할 수 있는 푸른곰팡이가 올라온 것이었다.

우연과 행운이 겹쳐 '발명'된 페니실린은 1941년 인간에 최초로 투여가 되는데, 이후 상용화에 성공해 만능약으로 불렸다. 인간이 질병의 역사에 새로운 획을 긋는 사건이었다.

"나는 페니실린을 발명하지 않았다. 자연이 만들었고, 나는 단지 그것을 우연히 발견했을 뿐이다. 하지만 딱 한 가지 내가 남과 달랐던 점은 그런 현상을 그냥 지나치지 않고 세균학자로서 이를 끈질기게 추적한 데 있다."

우연한 발견을 놓치지 않았던 플레밍은 노벨 생리의학상을 받았고, '기적의 약' 페니실린은 수많은 사람의 목숨을 구했다.

008

“가능성 있는 아이디어가 자라나 확신으로 변했다.”

월리스 흄 캐러더스Wallace Hume Carothers

1896년 미국 벌링턴에서 태어난 화학자다. 일리노이대 재학 시절 '교수'라는 별명이 붙을 정도로 학창 시절부터 실력이 뛰어났다. 1927년 듀폰사의 영입 제의를 받아들인 뒤 1935년 인류 최초의 인조섬유인 나일론을 발명했다. 화학자로는 최초로 미국 과학아카데미 회원이 되는 영예를 누렸다. 우울증에 시달리다 41세 생일 다음날인 1937년 4월 28일 삶을 마감했다.

▌ 윌리스 캐러더스가 만든 제품을 지금은 모두가 쓰고 있지만, 대부분의 사람들은 그를 알지 못한다. 하버드대에서 천재 소리를 듣던 화학자 윌리스 캐러더스는 신제품 개발에 열정적이던 화학회사 듀폰으로 자리를 옮겼다.

"처음에는 가능성 있는 아이디어에 불과했지만, 서서히 자라나 확신으로 변했다."

그는 말처럼 나일론은 다양한 화학 실험을 거듭하던 중 우연히 발명되어 상품화되었다. '거미줄보다 가늘고, 강철보다 강한' 나일론의 개발은 생활에 혁명을 불러왔다. 백화점에 나일론 스타킹이 발매되자마자 여성들이 줄을 섰고 판매 첫날만 400만 켤레가 넘게 팔렸다. 나일론은 의류 뿐만 아니라 넘어 제2차 세계대전에서는 군수품 제조에 사용되기도 했다.

캐러더스는 자신의 발명품이 최고의 상품이 되는 것을 보지 못했다. 그는 평생 우울증을 앓았다. 나일론nylon이란 명칭이 허무를 뜻하는 '니힐nihil'에서 따온 것이라는 말이 있기도 했지만 정설은 아니다. 노벨상을 받을 만한 업적이라고 회자되었지만 정작 캐러더스에게 상은 돌아가지 않았다. 이 비극적 천재는 만인을 위한 획기적 발명을 한 성과를 거두었음에도 불구하고 자살로 생을 마감하고 말았다.

009

"발견했어!"

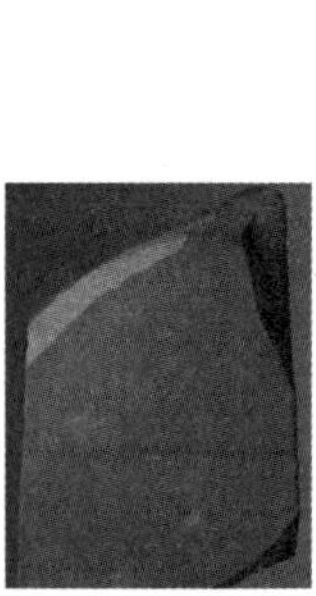

장 프랑수아 샹폴리옹 Jean François Champollion

1790년 프랑스 피작에서 태어난 이집트학 연구가다. 언어 습득에 탁월한 능력을 발휘했던 그는, 로제타석의 성각문자聖刻文字를 해독하기 위해 이집트의 기독교도들이 썼던 콥트어(2세기부터 이집트의 그리스도 사이에서 쓰던 언어)까지 연마했는데, 이는 로제타석 문자 판독에 결정적 계기가 되었다. 언어 뿐 아니라 역사 · 지리 · 종교 등 다양한 분야에서 업적을 남겼고 1832년 세상을 떠났다.

1822년 9월 14일 정오, 프랑스 파리에 칩거하며 이집트 상형문자 해독에 몰두하던 장 프랑수아 샹폴리옹은, 집에서 갑자기 뛰쳐나와 곧장 200m 거리에 있는 프랑스 학술원으로 달려갔다. 그러고는 "발견했어!" 한마디를 외치고 쓰러졌다가 곧바로 혼수상태에 빠졌고 닷새 만에 깨어났다.

나폴레옹 원정대가 발굴한 석판인 로제타석이 판독되어, "왕관들의 주인, 위대한 영광"으로 시작하는 3,000년 고대 이집트의 역사가 비로소 세상에 드러나는 순간이었다. 오늘의 우리가 이집트의 유적과 유물을 제대로 해독할 수 있게 된 것은 샹폴리옹의 업적 덕분이다.

오랫동안 세상과 단절되어 미궁에 빠져 있던 고대 이집트의 역사를 세상에 드러낸 샹폴리옹은 16살의 나이에 이미 12개국의 언어를 해독하는 능력을 갖춘 '언어의 천재'였다. 하지만 천재는 로제타석을 판독한 10년 뒤인 42세의 나이에 짧은 생을 마감했다. 세상을 떠나기 전 그는 이렇게 탄식했다.

"신이시여, 2년만 더 살게 해주소서. 너무 시간이 부족합니다. 여기 이렇게 해야 할 일들이 많은데."

010

“나 같이만 하면 된다, 끝장을 보라.”

조지 스티븐슨George Stephenson

1781년 영국 뉴캐슬에서 태어난 증기기관차 발명가다. 광부였던 아버지 밑에서 가난하게 자라 어려서부터 아버지의 조수를 하며 탄광기관부에서 일했다. 1814년 증기기관차를 발명, 시운전에 성공했고 1825년 세계 최초로 여객 철도용 기관차를 만들어 철도수송시대를 열었다. 1848년 사망했다. '철도의 아버지'라는 후대의 평가를 받고 있다.

가난한 맨발의 탄광촌 소년이었지만 스티븐슨은 늘 부지런했다. 18살이 되어서야 글을 깨우쳤지만 밤을 새워 가며 증기기관을 들여다봤다. 스티븐슨은 무슨 일이든 끝장을 보라는 자신의 말처럼 고군분투 속에서 '철도의 아버지'가 됐고, 인류에게 '축지법'이란 혁명을 가져다주었다.

1825년 9월 27일, 조지 스티븐슨이 설계하고 제작한 개량형 기관차 '로커모션'이 첫 기적을 울리자 군중은 환호했다. 그때까지 인류는 말을 타고 달리는 속도보다 빠르게 움직인 적이 없었다. 시속은 20km도 안 됐지만 걷거나 말을 타고 여행했던 인간에겐 기관차는 혁명적인 것이었다.

스티브슨은 이후 아들과 함께 더 잘달리는 기차를 개발해 1830년에는 리버풀과 맨체스터를 시속 46km로 달렸다. 시속 46km는 당시만 해도 이 기차의 이름처럼 '로켓' 같은 속도였다. 어려운 환경에서도 불굴의 의지를 꺾지 않았던 스티븐슨 덕분에 우리의 여행길도 비약적으로 빨라지게 되었다.

제임스 와트가 증기기관을 만든 이후로 증기기관을 이용해 기차를 만들려는 시도는 스티븐슨 이전에도 많았지만, 철로가 부설되고 이에 맞는 기관차가 만들어지면서 '철도의 아버지'라는 영광은 오직 스티븐슨의 몫으로 남게 됐다.

011

"왓슨, 이리로 와 주게. 자네가 필요해!"

알렉산더 그레이엄 벨Alexander Graham Bell

1847년 스코틀랜드에서 태어나 미국으로 귀화한 과학자이자 전화기 발명가다. 발성법 교사를 지냈고, 청각장애인 발음 교정 업무를 하기도 했다. 1876년 자석식 전화기의 특허를 받았고 축음기를 개량하는 등 많은 업적을 남겼으며 1922년 사망했다. 그가 사망하자 당시 가동 중이던 미국과 캐나다의 모든 전화가 1분 동안 불통되었다.

1876년 3월 10일. 그레이엄 벨은 발신기에 대고 소리쳤다.

"왓슨, 이리로 와 주게. 자네가 필요해!"

다른 층에 있었던 조수 왓슨의 수신 장치에 벨의 외침이 또렷하게 들렸다. 전화기가 발명되는 순간이었다. 벨이 전화기를 선보이자, "어? 물건이 말을 할 줄 아네."라며 많은 사람이 신기해했다.

전화telephone의 어원은 먼 곳tele과 소리phone를 합친 것이다. 먼 곳에서도 소리를 전하려는 인간의 욕구는 커져만 갔고, 전화기 발명도 시간 문제였다. 벨이 전화를 발명한 사람으로 알려져 있지만 '지상 최대의 과학 사기극'이란 얘기가 있을 정도로 전화기의 최초 발명가가 누구인가에대한 의견은 여전히 분분하다.

벨이 특허를 등록한 2시간 뒤에 엘리샤 그레이도 특허를 신청했지만 특허국은 벨의 손을 들어 주었다. 벨이 특허 신청을 했을 때 통화를 성공하지 못한 상태여서 전화 발명자를 둘러싼 논쟁은 지금도 역사적인 특허 분쟁으로 남아 있다. 그러나 벨은 새로운 통신 산업의 시대를 열었다.

자석식 전화기의 특허를 받은 벨은 1877년에 오늘날 AT&T의 전신인 '벨 전화회사'를 설립했고, 〈사이언스〉지를 창간하기도 했다.

012

“작동되지 않는 수많은 방법을 발견했을 뿐이다.”

토머스 앨바 에디슨Thomas Alva Edison

1847년 미국 오하이오 주州에서 태어난 미국의 발명가이자 사업가다. 어렸을 때부터 발명에 관심이 많았고, 기차에서 신문이나 채소를 팔아 돈을 버는 등 사업가로서의 수완을 보였다. 미국의 세계적인 종합가전기업인 ‘제너럴 일렉트릭’을 설립했다. 전기투표기록기 특허를 시작으로 세계에서 가장 많은 발명을 한 사람으로 기록되며 1931년 세상을 떠났다.

▌ 1879년, 인류에게 새로운 '빛'의 세계가 열렸다. 토머스 에디슨이 백열광을 40시간 넘게 유지시키는 전구를 발명한 것이다. 백열전구 발명에서의 가장 큰 난관은 필라멘트에 적합한 재료를 찾는 것이었는데 숱한 실패 끝에 대나무를 탄화시켜 성공한 것이다.

수많은 실험의 실패를 거치면서도 에디슨은 성공을 믿어 의심치 않았다.

"나는 결코 실패해 본 적이 없다. 그저 아직 작동되지 않는 수많은 방법을 발견했을 뿐이다."

초등학교 3개월을 다닌 것이 학력의 전부였던 발명왕 에디슨은 84살로 세상을 떠날 때까지 1,000건이 넘는 발명품을 만들었다. 한 달에 한 개꼴이다. 그의 발명 뒤에는 우리가 모르는 피나는 노력이 숨어 있었던 것이다.

에디슨 하면 가장 먼저 떠오르는 얘기가 어린 시절 달걀을 직접 품어 부화를 실험했다는 것이다. 달걀이 아니라 거위 알이라고 하는 설이 있지만 확인할 길은 없다. 하지만 확실한 것은, 에디슨이 워낙 호기심이 많아 학교 생활에 제대로 적응하지 못했지만 훗날 그의 이런 혁신을 추구한 벤처정신이 세계를 바꿨다는 것이다.

013

"지금 불가능한 꿈도
미래엔 현실이 될 것이다."

찰스 오거스터스 린드버그Charles Augustus Lindbergh

1902년 디트로이트에서 태어난 전설적인 비행기 조종사다. 항공사관학교에 들어가 비행기 조종사가 된 뒤, 시카고에서 세인트루이스까지 단독 비행, 산티아고에서 뉴욕까지 최단 비행, 최초의 무착륙 대서양 횡단 등 불멸의 기록을 수립했다. '하늘의 왕'이라는 찬사를 받았고, 1974년 하와이에서 사망했다.

"파리의 등불이 보인다."

1927년 5월 21일 밤, 뉴욕에서 파리까지 33시간을 쉬지 않고 날아온 찰스 린드버그 눈앞에 에펠탑의 불빛이 들어왔다. '지금 불가능해 보이는 꿈이라도 미래에는 현실이 될 것'이라고 했던 그의 말처럼 불가능이 현실이 되는 순간이었다.

5,000km가 넘는 대서양을 쉬지 않고 비행하는 일은, 당시로는 불가능에 가까운 일이었다. 고도계와 속도계도 없이, 심지어 무게를 줄이기 위해 낙하산까지 버린 린드버그는 대서양 횡단에 목숨을 걸었다. 이런 악조건 속에서도 린드버그는 비행기 개발로 피어 오른 모든 이의 꿈을 이뤘다.

"너무도 간절히 하고 싶었던 일을 하면 아드레날린이 샘솟는다. 비행기 없이도 날 수 있을 것 같은 기분이 들 정도다."

'하늘의 왕'으로 불리며 이런 유명한 말을 남긴 린드버그였지만 1932년 겨울, 생후 20개월된 아들이 유괴, 살해당하는 크나큰 슬픔을 겪기도 했다. 아들의 죽음 이후 린드버그는 영국으로 이주했다. 아들의 유괴사건과 나치 정권 지지로 구설에 오르기도 했지만, 대서양횡단 비행에 성공하여 파리의 등불을 본 그는 역사에 이름을 남겼다.

014

“한발 한발 걸어서 올라갔다.”

에드먼드 퍼시벌 힐러리Edmund Percival Hillary

1919년 뉴질랜드 오클랜드에서 태어난 산악인이자 탐험가다. 1953년 33살에 인류 최초로 히말라야 에베레스트를 등정한 산악인으로 오래 기억되고 있다. 1958년에는 뉴질랜드 남극횡단 원정대의 일원으로 남극점에 도달했다. 인도 주재 뉴질랜드 대사를 지내기도 했다. 2008년 심근경색으로 세상을 떠났다.

"몇 발짝을 떼자, 앞에는 하늘 말고 아무 것도 없었다."

1953년 5월 29일 오전 11시30분. 지구에서 가장 높은 세계 최고봉 8,848m 에베레스트 정상에 에드먼드 힐러리와 셰르파였던 텐징 노르게이가 인류 처음으로 발을 디뎠다.

세계 최초로 에베레스트를 정복한 사람에 대한 논쟁은 여전하다. 텐징 노르게이가 먼저 정상을 밟았다는 주장도 있지만 노르게이는 정상 직전에서 힐러리를 기다렸고, 두 명이 함께 밟았다는 것이 가장 믿을 만한 정설이다.

20세기 가장 위대한 탐험가인 힐러리 경은 늘 겸손했다. 자신을 뉴질랜드 시골의 양봉가라고 소개했던 그의 에베레스트 등정 소감 역시 소박했다.

"어떻게 올랐냐고? 그건 간단하다. 한발 한발 걸어서 올라갔다."

힐러리 경이 에베레스트에 올랐던 1950년대와 달리, 지금은 돈만 있으면 전문등반가의 도움으로 에베레스트 정상에 오를 수 있다. 하루에 200명이 넘는 사람들이 정상을 밟기도 한다. 무슨 수를 쓰든 정상에만 오르면 된다는 반칙이 판을 치는 세상에서 정직하게 한 발짝씩 걸어 올라가 정상에 다다른 힐러리 경의 등반은, 새삼 진리가 무엇인지를 깨닫게 해 준다.

015

"난 지금 진짜 휴대전화로 전화하고 있네!"

마틴 쿠퍼Martin Cooper

1928년 시카코에서 태어난 휴대전화 발명가다. 일리노이 공대를 졸업했고, 미국 해군에 복무하면서 한국전에 참전하기도 했다. 군 제대 후 모토로라 연구원으로 일하며 휴대전화 개발을 주도했다. 모토로라에서 부사장까지 지낸 뒤 어레이콤 등의 IT 관련 업체를 창립하는 등, IT분야에서 일했다.

1973년 4월 3일, 모토로라 엔지니어였던 마틴 쿠퍼는 뉴욕 맨해튼 거리에서 벽돌만 한 물건을 들고 동료에게 말했다.

"조엘, 나는 지금 자네에게 진짜 휴대전화로 전화를 하고 있네."

인류 최초의 휴대전화 통화가 이루어지는 순간이었다. 무게가 1kg이 넘고, 길이가 25cm나 돼 '벽돌전화', 신발처럼 생겼다고 해서 '신발전화'라는 별명도 붙었다. 인류 최초의 휴대전화는 무게뿐만 아니라, 여러 가지 면에서 지금과 비교가 안 될 정도로 원시적이었다. 충전이 10시간 넘게 걸렸고, 30분 남짓 통화하면 새로 충전해야 할 정도였다.

10년 뒤에야 상용화된 이 '물건'은 인류의 삶을 획기적으로 뒤바꿔 놓았다. 차 전화의 불편한 점을 개선하고, '어떤 장소에 구애받지 않고 개인번호가 있는 전화'를 떠올렸던 쿠퍼는 결국 휴대전화를 발명해 '휴대전화의 아버지'로 역사에 남게 됐다.

"창의적인 사고를 하는 최선의 방법은 애초부터 틀을 만들지 않는 것이다."

쿠퍼는 자신의 말처럼, 경직되지 않은 자유로운 사고로 전혀 새로운 기기를 인류에 선물했다. 이후 휴대전화 산업은 폭발적인 성장세를 거듭하여 인류의 삶에 혁명을 가져왔다.

016

"나는 내가 본 것의 절반도 다 말하지 못했다."

마르코 폴로Marco Polo

1254년 이탈리아 베네치아에서 태어난 탐험가다. 1271년 중국으로 들어가 17년간 중국에 머물면서 원나라의 관리로 일한 것으로 알려져 있다. 이후 귀국하여 베네치아와 제노바전쟁에서 포로가 돼 감옥에 갇힌 1298년부터 1299년까지 자신의 여행기를 구술한 것이 바로 《동방견문록》이다. 1324년 사망했다.

《동방견문록》은 이탈리아에서 《일 밀리오네Il Milione》로 불렸다. '수백만이나 되는' 하는 식의 과장된 표현이 많았기 때문에, 이를 허풍이라고 비아냥거리는 어조로 백만Milione이라는 말에 빗댄 것이다. 13세기 유럽인들에게 불타는 검은 돌(석탄), 담배 피는 호랑이 같은 신화 속 짐승은 믿기 힘들었을 것이다. 그는 17년간 중국에 머문 뒤 고향에서 전쟁 포로가 되어 여행 이야기를 구술했다.

마르코 폴로가 중국에 간 적이 없다는 얘기부터, 심지어 그런 사람은 있지도 않다는 얘기까지 나돌았다. 마르코 폴로가 당대에 '허풍쟁이'란 악평을 듣게 된 것은 그가 양저우揚州에서 관리로 일했다고 주장했지만 중국 쪽에 이 같은 기록을 뒷받침할 만한 근거 사료가 없었기 때문이다.

1324년 임종 직전, 주위에서 그에게 거짓말한 것을 참회하라고 했을 때, 마르코 폴로는 강력하게 받아쳤다.

"나는 내가 본 것의 절반도 다 말하지 못했다."

중세 유럽은 허풍쟁이의 말에서 영감을 얻어 동방이란 새로운 세계를 접했고, 이는 '대항해시대'로 이어진다. 이때 유럽인들은 아메리카 대륙을 발견하는 지리적 성과를 달성했다. 이제 서양 역사가 '동방견문록' 이전과 이후로 나뉘지게 된 것이다.

017

“목요일 오전 4번 비행 성공, 최장 57초.”

라이트 형제Wright Brothers

형인 윌버 라이트Wilbur Wright는 1867년 인디애나 주州, 동생인 오빌 라이트Orville Wright는 1871년에 오하이오 주州에서 태어났다. 인류 최초의 비행이란 위대한 기록을 남긴 채, 형 윌버는 1912년 45세의 젊은 나이에 장티푸스로 사망했다. 동생은 1948년 심장마비로 세상을 떠났다. 둘 다 평생 독신으로 살았다.

1903년 12월 17일, 미국 노스캐롤라이나 주州 킬데빌 언덕. 라이트형제는 동력 기계를 타고 하늘을 나는 첫 시도를 했다. 매서운 겨울바람 탓에 목격자는 겨우 다섯 명밖에 되지 않았다.

오전 10시 30분, '플라이어호'가 기우뚱하더니 공중으로 날아올랐다. 날아오른 시간은 12초, 비행 거리는 36.5m, 고도는 3m에 불과했지만 인류에게는 위대한 비상이었다. 인류가 최초로 동력 비행에 성공했기 때문이다. 그들은 비행기를 상품화하기 위해 회사를 세워, 미국 국방부와 비행기 납품 계약을 성사시켰다.

새처럼 날고 싶다는 인간의 오랜 꿈을 처음으로 이룬 것이다. 이날 라이트 형제는 세 번 더 비행에 성공했다.

네 번째 비행에서는 59초나 날았다. 흥분한 오빌 라이트는 아버지에게 전보를 쳤다.

"목요일 오전 4번 비행 성공, 최장 57초. 신문에 알려 주세요."

실제로는 59초를 비행했다. 57초라는 오타가 났지만 오빌의 전보는 신화에서나 나오는 상상을 현실로 바꾼 위대한 한마디로 남아 있다.

018

"인간의 작은 한 걸음, 인류의 위대한 도약"

닐 올던 암스트롱Neil Alden Armstrong

1930년 미국 오하이오에서 출생한 우주비행사다. 어려서부터 비행기에 관심이 많았고, 해군항공학교를 나와 조종사가 됐다. 한국전쟁에 참전하기도 했고, 미국항공우주국NASA에 스카우트 되어 1969년 아폴로 11호의 선장으로 인류 최초로 달을 밟았다. 은퇴 후 신시내티 대학에서 항공우주학과 교수를 지냈고, 2012년 사망했다.

"휴스턴, 여기는 '고요의 바다', 이글호 착륙했다."

1969년 7월 20일 오후 8시 17분 43초, 지구와 달이 생긴 지 45억 년 만에 달에 첫발을 내딛은 인류 최초의 메시지가 지구에 도착했다. 그리고 6시간 뒤 아폴로 11호에서 분리된 달착륙선인 이글호에서 닐 암스트롱과 버즈 올드린이 내려 달 표면에 역사적인 발자국을 찍었다.

이때 암스트롱은 감격에 겨워 인류 역사에 남을 한마디를 남겼다.

"한 인간에게는 작은 한 걸음에 지나지 않지만 인류에게는 위대한 도약이다."

암스트롱의 달 착륙 현장은 전 세계에 생중계가 된 가운데 경쟁국인 소련까지도 환호했다. 아폴로 11호의 달 착륙은 인류가 지구 이외의 다른 우주 공간에서도 살 수 있다는 가능성을 보여주었다. 암스트롱이 "작은 한 걸음, 위대한 도약"이란 발언을 한 것은 맞지만 말한 시기에 대해선 논란이 있다. 암스트롱은 달에 도착하자 갑자기 이 말이 떠올랐다고 했다. 하지만 동생인 딘 암스트롱은 한 방송과의 인터뷰에서 우주로 떠나기 몇 달 전 형이 이미 미리 이 발언을 준비했다고 밝혀 뒷말을 남겼다.

019

“지구는 푸른빛이다!”

유리 알렉세예비치 가가린Yuri Alekseyevich Gagarin

1934년 소비에트 연방 스몰렌스크의 집단 농장에서 출생한 우주비행사다. 인류 최초로 우주 비행에 성공했고, 1968년 비행 훈련 중 타고 있던 제트 훈련기가 모스크바 근교에 추락하여 사망했다. 가가린은 비행 전 부인에게 “평지에서 넘어져도 목이 부러질 수 있다. 인생은 인생이며 누구도 내일 자동차에 치여 죽지 않는다는 보장을 할 수 없다”는 유서를 남겼다.

1961년 4월 12일은 우주를 갈망해 온 인류에게 역사적인 날이었다. 지구인이 지구 밖에서 지구를 본 최초의 날이기 때문이다.

보스토크 1호에 탑승한 소련의 우주비행사 유리 가가린은 108분 동안 지상 327km의 타원 궤도를 따라 지구를 한 바퀴 돌고 무사히 귀환했다.

"지평선을 바라보니 밝은 지구의 표면에서 시커먼 하늘로 바뀌는 대조적인 변화가 보였다. 지구는 선명한 색조로 아름다움이 넘쳐났으며, 옅은 푸른빛이었다. 이 옅은 푸른빛은 서서히 어두워졌고 터키색 같은 하늘에서 파란색, 연보라색으로 바뀌었다가 다시 석탄 같은 칠흑이 되어 갔다. 이 변화는 정말로 아름다웠고 환상적이었다."

스푸트니크 2호에 '라이카'라는 개가 탑승하여 동물의 우주 비행이 가능하다는 것을 실험한 뒤 약 4년 만의 일이었다.

유리 가가린은 "지구는 푸른빛이다. 얼마나 놀라운가. 경이롭다!"라고 말했다.

최초의 우주 비행에 성공한 108분의 주인공은 세계적인 영웅이 됐다. 하지만 7년 뒤 두 번째 우주 비행을 훈련하던 중 이륙 12분 만에 교신이 끊겼다. 인류 최초로 우주에서 지구를 봤던 영웅은 34살의 나이로 영원히 우주의 품에 안겼다.

020

"승리는 철저하게 준비한 사람에게만 찾아온다."

로알 엥겔브렉트 그라브닝 아문센
Roald Engelbregt Gravning Amundsen

1872년 노르웨이 오슬로에서 태어난 극지탐험가다. 아버지는 선원이었고 어렸을 때부터 북극 탐험을 꿈꿨다. 어머니의 뜻에 따라 의대로 진학했지만, 1등 항해사 자격을 따고 탐험에 나섰다. 1911년 인류 사상 최초로 남극점에 도달했다. 남극점과 함께 북극점 최초 도달의 기록을 세우려 했지만 실패했고, 1928년 조난사하였다.

▌ 노르웨이의 탐험가 로알 아문센과 영국 장교 로버트 스콧의 남극점의 도달 경쟁은 방식도 결과도 달랐다. 비슷한 시기에 출발했지만, 1911년 12월 14일 인류 사상 최초로 남극점에 도달한 사람은 아문센이었다. 그로부터 35일 뒤에야 스콧은 남극점에 도달했다.

아문센은 동료와 함께 무사히 귀환했지만, 스콧 탐험대는 조난을 당해 전원이 사망했다. 아문센이 에스키모 옷이나 개썰매 등 에스키모의 장거리 이동 방식을 이용한 반면, 스콧은 극한의 추위에 무용지물이 되기 십상인 모터 썰매와 조랑말을 탐험에 활용했다. 출발부터 승패가 정해진 것이나 다름없었다.

"승리는 철저하게 준비한 사람에게만 찾아온다. 적절한 때에 필요한 조치를 하지 않은 사람에게는 패배가 있을 뿐이다."

아문센은 원래 북극점 도달이 목표였다. 하지만 미국인 로버트 피어리가 북극점에 먼저 도달하자 목표를 남극점으로 바꿨고, 1910년 프람호로 남극탐험을 떠났다. 그리하여 결국 남극점에 도달한 최초의 사람으로 이름을 남겼다.

아문센의 최후 역시 탐험가다웠다. 1928년 북극 탐험에 나섰던 이탈리아 탐험대가 해빙에 불시착했다는 소식을 들은 아문센은, 동료들과 함께 사고 현지로 달려갔지만 6월 18일 오후의 무전을 끝으로 실종되었다. 아문센을 포함한 구조대의 흔적은 아직까지 오리무중으로 남아 있다.

021

"축구를 통해 사람들은 서로 신뢰한다."

쥘 리메 Jules Rimet

1873년 프랑스 동부의 작은 마을에서 태어난 축구행정가다. 고학으로 변호사가 됐고 1919년 프랑스축구연맹을 창설하고 1949년 회장을 지냈다. 1921년 FIFA 회장에 올라 1954년까지 33년간 최장 기간 재임했다. 1954년 파리에서 사망했다. 그를 기려 1970년 멕시코 월드컵까지 월드컵 우승컵을 '쥘 리메 컵 Jules Rimet Cup'으로 불렀다.

1930년 제1회 월드컵 개막전 주인공은 개최국인 우루과이가 아니라, 프랑스와 멕시코였다. 우루과이가 국제축구연맹FIFA 회장인 쥘 리메의 조국인 프랑스에 개막전의 영광을 양보한 것이다. 월드컵 역사에서 개최국이 개막전의 주인공이 되지 않은 것은 제1회 월드컵이 유일하다

프랑스가 개막전의 주인공이었지만 쥘 리메의 조국은 예선 성적 1승 2패로 탈락했다. 지금은 최고의 축구 강국이지만 브라질 역시 1승 1패로 예선에서 고배를 마셨다.

'축구도 올림픽에서 해방돼야 한다'며 최강팀이 겨루는 축구대회가 필요하다는 주장은 오래간 계속되었지만, 정작 결실을 맺은 인물은 3대 FIFA 회장인 쥘 리메였다. 우여곡절 끝에 월드컵을 열기로 했지만 문제는 여전했다. 가는 데만 13일이나 걸리는 우루과이에서의 개최를 유럽 국가들이 반대한 것이다. 하지만 쥘 리메가 백방으로 설득해, 유럽의 4개국을 포함한 13개국으로 첫 월드컵이 진행됐다.

월드컵이 가능했던 것은 "축구를 통해 사람들은 서로를 신뢰하며 만날 수 있다"라는 쥘 리메의 확고한 신념과 철학이 있었기 때문이다. 물론 그 역시 월드컵이 지금처럼 전 세계인들이 사랑하는 최고의 축제가 될 줄은 몰랐을 것이다.

022

"끝날 때까지는 끝난 것이 아니다."

로런스 피터 요기 베라Lawrence Peter Yogi Berra

1925년 미국 세인트루이스에서 이탈리아 이민계 2세로 태어난 야구 선수로 '요기Yogi'라는 애칭으로 더 유명하다. 뉴욕 양키스의 주전 포수로 '위대한 양키'로 불릴 만큼 전설적인 기록을 남겼다. 뉴욕 양키스 시절 등번호 8번은 영구 결번되었다. 뉴욕 양키스와 뉴욕 메츠의 감독을 지냈으며, 1972년 야구 명예의 전당에 헌액되었다.

뉴욕 양키스는 1947년부터 1963년까지 14번이나 월드 시리즈에 올라 10번이나 승리하는 경이적인 기록을 달성했다. 이 시기는 양키스의 전설적인 선수인 요기 베라가 포수 마스크를 썼던 기간이다.

위대한 선수 생활과는 달리, 그는 감독으로서는 숱한 고난을 겪었다.

요기 베라가 양키스 감독이 된 첫해, 팀은 월드 시리즈까지 진출했지만 그는 곧바로 경질됐다. 뉴욕 메츠 감독으로 활약하던 1973년에 팀 실적이 바닥을 헤매자 기자가 물었다.

"올 시즌 희망은 없어 보인다. 시즌이 끝나면 어떻게 할 것인가?"

이때 야구 역사 최대의 명언이 요기의 입에 나온다.

"끝날 때까지는 끝난 것이 아니다."

그의 말처럼 메츠는 기적같이 일어서 그해 월드 시리즈에 진출했다. 요기는 '요기즘Yogi-ism'이라는 말이 나올 정도로 숱한 명언을 남겼다.

"짧은 퍼팅의 90%는 들어가지 않는다."

작은 일이나 실패에 연연하지 말라는 요기의 충고다.

023

“나는 다만 달릴 뿐이다.”

아베베 비킬라Abebe Bikila

1932년 에티오피아 자토에서 태어난 육상 선수다. 군인마라톤 대회에서 우승한 뒤 주목받기 시작했다. 1960년 로마 올림픽과 1964년 도쿄 올림픽 마라톤에서 금메달을 목에 걸었지만, 1968년 멕시코시티 올림픽에서는 경기 중 기권했다. 교통사고 뒤 장애인 양궁 선수 등으로 활동하다 1973년 사망했다.

1960년 로마 올림픽, 42.195km의 대장정의 결승점에 선두의 모습이 등장하자 사람들은 경악했다. 마라톤에서 한 번도 우승한 적이 없는 흑인 선수가 들어오고 있었던 것이다. 게다가 난공불락인 2시간 20분의 벽을 훌쩍 깬 2시간 15분 16초의 기록으로 결승 테이프를 끊었다. 더욱 놀라운 것은 그가 맨발이라는 사실이었다.

그는 돈이 없어서 맨발로 뛴 것이 아니었다. 후원사가 신발을 지급했지만, 뒤늦게 대표팀에 합류한 아베베에게 맞는 신발이 없어 신발을 신지 못한 채 달렸다. 당시만 해도 마라톤화가 지금처럼 가볍지 않았기 때문에 신발을 신었다고 해도 크게 나아지지 않았을 것이란 얘기도 있지만, 마라톤 코스에 콘크리트가 깔려 있다는 점을 감안하면 무모한 일이었다.

4년 뒤 또다시 세상은 놀랐다. 몇 주 전 충수염 수술을 받고 출전한 '맨발의 마라토너' 아베베가 모두의 예상을 깨고 올림픽 기록을 3분이나 단축시킨 2시간 12분 11초의 기록으로 올림픽 사상 첫 2연패를 달성했다.

그의 드라마는 계속되었다. 하반신이 마비되는 교통사고를 당했지만 '멀쩡한 두 팔'로 장애인 양궁, 탁구, 눈썰매 대회에 출전하는 투혼을 발휘한 것이다.

"나는 다만 달릴 뿐이다. 나는 남과 경쟁해 이기는 것보다 자신의 고통을 이겨내는 것을 자랑스럽게 여긴다."

41세의 젊은 나이로 세상을 떠날 때까지 아베베는 맨발로 끊임없이 삶을 질주했다.

024

"이것은 첫 번째 기록일 뿐이다."

덴튼 트루 영Denton True Young

1867년 미국 오하이오 주州 길모어에서 태어난 야구 선수다. 본명보다 애칭인 사이 영Cy Young으로 더 유명하다. 1890년 클리블랜드 스파이더스에 입단, 메이저리그에 데뷔한 뒤 최다승 등 불멸의 기록을 남겼다. 1911년 은퇴했고, 1937년 명예의 전당에 헌액된 뒤 1955년 사망했다.

가장 위대한 투수 사이 영의 기록은 앞으로 영원히 기억될 불멸의 기록이다. 1890년에서 1911년까지 22년간 511승에 평균자책점은 2.63을 기록했다. 해마다 20승씩 25년을 한 뒤 다시 11승을 더해야 하는 사실상 불가능한 기록이다.

볼이 빨라 '사이클론'에 비유되며 사이 영으로 불렸던 이 투수가 무엇보다 위대한 것은, 44세에 은퇴할 때까지 부상으로 결장한 경기가 단 한 번도 없었을 만큼 자기 관리가 투철했다는 점이다.

1904년 5월 5일, 9회까지 단 한 명의 타자도 1루에 내보내지 않는 현대 야구 최초의 퍼펙트게임도 그의 성과였다.

"이것은 첫 번째 기록일 뿐이다. 최고의 투수가 되기 위해 앞으로 더 많은 기록을 세울 것이다."

그의 말대로 그에게는 무수히 많은 기록들이 더해졌다. 그의 업적을 기려 미국 메이저리그에서 최고의 투수에게 주어지는 상의 이름은 '사이 영Cy Young'이다.

025

"모든 삼진은 홈런으로 가는 길이다."

조지 허먼 루스George Herman Ruth

1895년 미국 볼티모어에서 태어난 야구 선수다. 1914년 프로 야구팀 보스턴 레드삭스에 입단, 1935년 은퇴하기까지 714개의 홈런을 기록, 1974년 행크 아론Hank Aaron에 의해 이 기록이 깨질 때까지 홈런왕으로 남았다. 1948년 사망했다.

메이저리그 홈런왕 베이브 루스는 1927년 60개라는 경이적인 홈런 기록을 세웠다. 배리 본즈가 73개로 한 시즌 최다 홈런 기록을 갖고 있지만 '베이브'에는 한참 못 미친다. 1927년 60개 홈런은 당시 아메리칸리그 전체 홈런의 10%가 넘는 수준이다. 요즘으로 치면 한 시즌에 300개가 넘는 홈런을 기록한 셈이다.

루스는 22시즌 동안 714개의 홈런을 치면서 1,330개의 삼진을 '감수' 했다. 그의 야구 인생은 홈런왕 12번의 명예와 삼진왕 5번의 불명예가 교차했다. "모든 삼진은 홈런으로 가는 길이다"라는 그의 한 마디가 낯설지 않은 이유다.

홈런을 치려면 삼진을 각오해야 한다. 삼진을 실패로, 홈런을 성공으로 치환시키면 인생은 야구와 닮은꼴이다. 실패를 두려워하지 말아야 성공이 오는 것이다.

베이브 루스하면 떠오르는 또 다른 말로는 '밤비노의 저주'가 있다. 이탈리아 말로 '갓난아기'라는 뜻의 밤비노는, 베이브 루스의 예명인 베이브에 빗댄 말이다. 보스턴 레드삭스가 1918년 양키스로 루스를 트레이드한 뒤, 2002년까지 85년간 우승과 인연을 맺지 못한 것을 암시한다.

026

"나는 복싱보다 위대하다."

캐시어스 마셀러스 클레이 2세Cassius Marcellus Clay Jr.

미국 켄터키 주州에서 태어난 권투 선수다. 이슬람으로 개종하면서 무하마드 알리로 이름을 바꿨다. 1960년 로마 올림픽에서 금메달을 딴 뒤 프로로 전향, 1964년 헤비급 세계챔피언에 올랐고, 이후 1974년과 1978년까지 세 번이나 세계챔피언을 지낸 뒤 1981년 은퇴했다. 은퇴 뒤 파킨슨병에 걸려 투병하다 2016년 6월 4일에 세상을 떠났다.

▌ 사각의 링에서 그가 맞닥뜨린 것은 조지 포먼이 아니었다. 인종차별, 전쟁 그리고 불치병이다.

인종차별이 심했던 켄터키 주州 루이빌에서 태어난 그는 "깜둥이에게 음식을 팔지 않겠다"는 식당 주인의 선언에 올림픽 금메달을 강에 던져 버린다.

22세에 세계 챔피언 벨트를 건 무하마드 알리는 헤비급 사상 최초로 세 차례나 챔피언 벨트를 허리에 두른 위대한 복서였다. 베트남전 징집 거부로 선수 자격이 박탈됐지만 복서로는 환갑인 32살에 25살의 무적 조지 포먼을 눕히고 '킨샤사의 기적'이라 불리는 승리를 거뒀다.

알리는 "나는 복싱보다 위대하다"는 불후의 명언을 남겼다. 링에서의 두 선수가, 치고받는 것을 넘어서 복싱을 아름답고 완벽한 경지로 승화시켰다는 얘기다.

링을 떠나면서 알리는 "남을 때리는 것도 지쳤다. 다른 싸움이 기다리고 있다."고 말했다. 그가 말한 '다른 싸움'은 다름 아닌 파킨슨병이었다. 은퇴 후 대중에게 잊혔던 그는 '떠버리'가 아닌 파킨슨병 환자로 애틀랜타 올림픽에서 떨리는 손으로 힘겹게 성화에 불을 붙여 전 세계인에게 감동을 전해 주었다.

027

“오늘 저는 지구에서 가장 운 좋은 남자라고 생각합니다.”

헨리 루이스 게릭Henry Louis Gehrig

1903년 뉴욕에서 태어난 야구 선수다. 콜롬비아대 재학 중 뉴욕 양키스에 입단했고 이후 보스턴 레드삭스로 이적해 연속 출장 등 전설적인 기록을 남겼다. 운동신경 세포가 파괴되며 근육이 위축되는 희귀 질환을 앓았다. 훗날 자신의 이름을 딴 ‘루게릭병’으로 1939년 은퇴 선언을 했다. 1941년 사망했다.

▌ 연속 출장 기록을 2,130경기로 이어가던 '위대한 철마' 루 게릭은 1939년 5월 2일 자진해서 출장 라인업에서 빠진다. 두 달 뒤인 7월 4일 뉴욕 양키스 홈 구장에 루 게릭이 힘겹게 섰다.

"제게 닥친 불운에 대해 들으셨을 겁니다. 하지만 오늘 저는 지구에서 가장 운 좋은 남자라고 생각합니다."

300단어밖에 되지 않는 미국 최고의 고별사이자, 야구장에서 목격한 가장 감동적인 장면이었다. 이름 모를 신경이상증세에 시달렸던 그는 이 연설을 하고 2년 뒤 훗날에 가서야 '루게릭병'으로 이름 붙여진 이 질환으로 38세의 나이에 세상을 떠났다. 철마의 퇴장과 함께 그의 등번호 4번은 메이저리그 사상 처음으로 영구 결번됐다.

"제게 불운이 닥쳤을지 몰라도, 사는 동안 중요한 의미를 엄청나게 많이 얻었습니다."

그의 은퇴사는 이렇게 매듭됐다. 연속 출장 기록 외에도 루 게릭은 역사적인 기록을 많이 남겼다. 만루 홈런을 23개나 기록했고, 1932년 6월 3일에는 한 경기에서 4개의 홈런을 때렸다. 1931년 세운 184타점은 아메리칸리그 최고의 기록이며, 1934년에는 49개 홈런 165타점으로 '트리플크라운'을 기록하기도 했다.

028

"내가 뛰어넘은 것은 정신력의 한계다."

로저 길버트 배니스터 Roger Gilbert Bannister

1929년 영국에서 태어난 육상 선수이자 학자다. 옥스퍼드대에서 의학을 공부했다. 1952년 열린 헬싱키 올림픽 1,500m의 우승 후보였지만 메달 획득에 실패한다. 하지만 인류 최초로 1마일 4분대의 벽을 깬 인물로 역사에 남았다. 은퇴 후 저명한 신경학자로 활동했다.

▌ 440야드 트랙 4바퀴를 4분 내로 주파. 4가 겹친 이 게임은 "신이 인간의 한계로 설정해 놓았다"는 말이 나올 정도로 난공불락이었다. 육상 1마일 경기는 1804년 5분대를 깬 뒤 4분 1초까지 끌어내렸지만, '마의 4분 벽'을 주파하지 못했다.

1954년 5월 영국 옥스퍼드대 운동장에선 의대생인 로저 배니스터가 불가능에 도전했다. 그는 질주 끝에 테이프를 끊었고, 아나운서의 "3분!"이란 말은 함성에 묻혔다. 20세기 스포츠의 가장 위대한 성취였던 이날의 기록은 3분 59초 4였다.

그 뒤에 놀라운 일이 연속해서 일어났다. 6주 만에 또 다른 선수가 4분 벽을 깼고, 1년 새 30명이 넘는 선수가 동참했다. 불가능이 가능해지자 순식간에 거대한 벽이 사라진 것이다.

"내가 뛰어넘은 것은 정신력의 한계다."

로저 배니스터의 말처럼 그와 함께 인류도 또 다른 한계에 도약한 셈이다. 로저 배니스터의 1마일 도전기는 《퍼펙트 마일》이란 책을 통해 잘 알려져 있다.

029

"게임을 승리로 이끄는 것은 스타들이 아니라 팀이다."

에드손 아란테스 도 나시멘토Edson Arantes do Nascimento

1940년 브라질에서 태어난 축구 선수다. '축구황제'로 널리 알려져 있다. '펠레'라는 이름은 어린 시절 자신이 좋아하는 축구 선수에서 따온 애칭으로 알려져 있다. 1958년, 1962년, 1970년 3번이나 월드컵에서 우승했다. 해트트릭을 92번 기록하는 등 불멸의 기록을 소유하고 있다.

'축구황제'는 어린 시절 구두닦이나 파이 장사를 하며 집안 살림을 도와야 할 정도로 빈곤했다. 스스로 가난을 "몸서리쳐지는 두려움"이라 했지만, 양말로 뭉쳐서 만든 공을 차며 축구를 즐겼다.

15살에 데뷔, 16살에 리그 득점왕에 올랐다. 그해 국가대표가 되었고, 이듬해인 1958년에 17살의 최연소 나이로 스웨덴 월드컵에 출전해 득점까지 올렸다. 1970년 멕시코까지, 네 번의 월드컵에 참가해 3회 우승 트로피를 들어 올렸다.

펠레는 '축구황제'로 불리는 역대 최고의 축구 스타지만 그는 늘 팀이 먼저였다.

"게임을 승리로 이끄는 것은 스타들이 아니라 팀이다.

그가 수시로 했던 말이다.

펠레는 축구를 팀이 조화를 이루는 '아름다운 게임'으로 정의했다.

축구황제 펠레는 20년 동안 1,300여 골을 넣었는데 이는 경기당 1골에 해당하는 것으로, 그는 거의 불가능에 가까운 불멸의 기록을 남겼다.

030

“올림픽의 진정한 가치는
승리하는 데 있는 것이 아니라
참여하는 데 있다.”

피에르 드 바론 쿠베르텡Pierre de Baron Coubertin'

본명보다 피에르 쿠베르탱Pierre Coubertin으로 불린다. 1863년 프랑스에서 태어난 교육자이자 체육인이다. 근대 올림픽의 창시자로 널리 알려져 있다. 1894년 IOC 창설을 주도했고, 1896년 2대 IOC위원장에 취임, 1925년까지 30년간 재임했다. 《영국의 교육》, 《스포츠 교육학론》 등의 저서가 있다. 1937년 9월 2일 스위스 제네바에서 사망하였다.

AD 393년 이후 열리지 않았던 올림픽을 다시 부활시킨 사람은 프랑스의 쿠베르탱 남작이다. 조국 프랑스가 프러시아 군에 맥없이 패배하는 것을 보고, 강력한 조국 건설을 위해 체육에 큰 관심을 보였다.

영국 유학 시절, 스포츠를 통한 청소년 교육에 감명을 받았고 국제적인 스포츠 교류를 통해 국제경기단체를 조직할 것을 제안했다. 스포츠가 신체뿐 아니라 건강에도 유익하고, 세계를 하나로 묶을 수 있으며, 페어플레이로 인류를 통합할 수 있다고 생각했다.

1894년 파리에서 제1회 국제올림픽위원회IOC 총회를 열고, 최초의 근대 올림픽을 아테네에서 개최하기로 확정했다. 초대 IOC위원장은 그리스의 문인인 디미트리오스 비켈라스가 추대됐고, 2년 뒤인 1896년 첫 근대 올림픽인 아테네 올림픽이 역사적인 막을 올렸다.

그는 올림픽 강령에 "올림픽의 진정한 가치는 승리하는 데 있는 것이 아니라 참여하는 데 있고, 인간에게 중요한 것은 성공보다 노력하는 것이다"고 했다. 스포츠의 기본 정신으로 통하는 이 말은, 사실 쿠베르탱이 아니라 에텔버트 탈보트 주교의 말을 쿠베르탱이 인용해 적용한 것이다. '승리가 아니라 참여'라는 이 구절은 올림픽 정신을 상징하는 가장 강력한 말로 세계인의 머릿속에 남았다.

031

" 꿈을 현실화시키기 위해서는
두려운 결심, 헌신, 훈련,
그리고 노력이 필요하다. "

제임스 클리블랜드 오언스James Cleveland Owens

본명보다 제시 오언스Jesse Owens로 유명한 그는 1913년 미국 앨라배마 주州에서 태어난 육상 선수다. 어렸을 때부터 육상에 뛰어난 소질을 보였고, 대학 시절부터 신기록을 경신하는 등 선수로서 두각을 나타냈다. 1936년 베를린 올림픽에서 4관왕에 올랐고, 은퇴한 뒤에 흑인인권운동 등 활발한 사회운동을 펼쳐 존경을 받았다. 1980년 폐암으로 사망했다.

인종차별이 극심했던 1930년대 흑인 선수가 미국 국가대표가 되는 것은 쉽지 않은 일이었다. 제시 오언스가 국가대표로 뽑힌 것은 세계신기록을 세우는 등 워낙 실력이 출중했기 때문이다.

오언스가 불멸의 기록을 남기고, 역사에 자신의 이름을 깊게 새긴 것은 1936년 베를린 올림픽이었다. 히틀러의 선전장과 다름없었던 베를린 올림픽에서, 오언스는 100m, 200m, 400m계주, 멀리뛰기까지 4개의 금메달을 땄다. 다른 민족들보다 독일인이 우수하다는 확신에 사로잡혀있던 히틀러는 화를 못 이겨 밖으로 뛰쳐나갔다는 확인되지 않은 일화가 있을 정도였다. 나치들 앞에서 흑인 운동선수가 당당히 4개의 금메달을 목에 건 것이다. 이것은 단거리 육상 최초의 기록이었다.

"우리는 모두 꿈이 있다. 그러나 꿈을 현실화시키기 위해서는 두려운 결심, 헌신, 훈련, 그리고 노력이 필요하다."

그는 이 말처럼 두려운 결심으로 꿈을 현실화시켰다.

2009년 민주당 버락 오바마 후보가 흑인으로는 처음으로 대통령에 오르자 미국 언론은 흑인 대통령 당선자를 오언스와 비교했다. 첫 흑인 대통령에게는 못 미칠지 모르지만, 오언스의 업적이 그만큼 역사적이었다는 것을 보여 준다.

032

"새는 날고, 물고기는 헤엄치고, 사람은 달린다."

에밀 자토페크Emil Zatopek

1922년 체코에서 태어난 운동선수다. 1948년 런던 올림픽 남자 육상 5,000m에서 은메달, 1만m에서 금메달을 목에 걸었고, 4년 뒤 1952년 헬싱키 올림픽에서 3개의 금메달을 따면서 '인간기관차'라는 별명을 얻었다. 현역에서 은퇴한 뒤에는 조국의 민주화운동에 투신했다가 2000년 세상을 떠났다.

▌ 불세출의 올림픽 영웅은 1952년 헬싱키 올림픽에서 탄생했다. 체코의 군인이었던 에밀 자토페크는 1만m 경기에서 금메달을 목에 건 뒤, 5,000m에서도 1위에 올랐다. 마지막 날 마라톤 대회에서 가장 먼저 테이프를 끊은 이도 자토페크였다. 3개의 금메달 모두 올림픽 신기록이었다.

마라톤에서의 우승과 동시에 다른 종목의 금메달을 함께 목에 건 것은 자토페크가 유일하다. 게다가 부인이었던 다나 자토프코바도 창던지기에서 1위에 올라 부부가 같은 날 올림픽 금메달을 딴 진귀한 기록도 남겼다.

"새는 날고, 물고기는 헤엄치고, 사람은 달린다."

자토페크가 기자회견에서 남긴 명언이다. 가난한 목수의 아들로 신발공장에서 일하던 소년이 올림픽 통산 4개의 금메달에 18번의 세계신기록을 세우는 영웅이 된 데에는, "사람은 달린다"란 간단명료한 철학에 무수히 많은 노력과 땀이 보태졌기 때문이다.

자토페크가 헬싱키 올림픽의 4년 뒤 1956년 멜버른 올림픽에 출전해 마라톤에서 6위에 그치자, 한 언론은 '기관차도 낡으면 소용없는 것'이라고 악평했다. 하지만 선수 생활을 끝낸 뒤, 자토페크는 공산 독재에 항거하는 '프라하의 봄'에 적극 가담하는 등 민주화운동의 선봉에 섰다. 이 때문에 강제 노역에 시달리는 등 오랫동안 삶의 고초를 겪었다.

033

“ 패배하는 법을 배우면 패배로부터 해방될 것이다. ”

리샤오룽李小龍

1940년 미국 샌프란시스코에서 태어나 홍콩에서 자란 중국계 무술배우다. 스승 엽문葉問도 유명한 무술인으로, 이소룡은 그에게 영춘권을 배워 절권도를 창시했다. 미국에서 〈그린호넷〉 등의 드라마에 출연했고, 〈정무문〉, 〈맹룡과강〉, 〈용쟁호투〉 등 주연을 맡은 작품마다 공전의 히트를 기록했다. 1973년 마지막 작품 〈사망유희〉를 촬영하던 중 사망했다.

▌ 리샤오룽은 살아서도 죽어서도 여전히 전설이다. 갑작스럽게 팬들의 곁을 떠났지만, 그의 죽음은 여전히 미스터리로 남아 있고, 음모론도 살아 있다. 쌍절곤, 기이한 괴성, 노란색 체육복 등도 우리 기억에 영원히 남아 있다.

32세의 나이로 '전설'이 세상을 떠나자, 죽음의 원인을 놓고 아직도 여러 얘기들이 오가고 있다. 정설은 뇌 관련 질환과 약물에 대한 예민 반응 때문이라고 알려져 있다. 사망하기 몇 달 전 뇌부종으로 쓰러진 적이 있었고 의사들의 의견도 크게 다르지 않다. 하지만 스크린에서 늘 용맹스러운 모습만 보았던 팬들은 이를 믿지 않았다. 폭력 조직과 싸우다가 죽었다는 등 아직도 타살설이 사그라지지 않고 있다.

"다른 모든 사람처럼 너도 이기는 법을 배우고자 갈망할 것이다. 그리고 지는 법 따위는 결코 배우려 하지 않을 것이다. 그러나 패배하는 법-죽음을 받아들이는 법-을 배우면 패배로부터 해방될 수 있다. 너는 자유롭고 조화로운 강물처럼 될 것이다."

그가 남긴 말 중 자주 인용되는 구절이다.

034

"똑바로 서라!
아니면 똑바로 세워질 것이다."

셉티미우스 바시아누스Septimius Bassianus

121년에 태어난 로마 제국의 제16대 황제다. 본명보다 마르쿠스 아우렐리우스Marcus Aurelius로 유명하다. 그는 특히 로마의 전성기를 이룬 '5현제賢帝' 중 한 명이다. 공동 황제를 거쳐 169년 단독 황제가 됐지만, 이탈리아의 기근과 외세의 침입 등으로 전장에 있는 경우가 많았다. 180년 진중에서 사망했고, 그의 죽음으로 로마는 전성기를 지나 쇠퇴하기 시작했다.

플라톤이 '철학자가 통치자이고, 통치자가 철학자일 때 인류는 번영할 것'이라며 통치자로 꿈꾸었던 '철인哲人왕'은 인류 역사상 딱 한 명이 있다. 로마의 마지막 황제인 마르쿠스 아우렐리우스다.

스토아 철학의 대표적 학자로 평가받는 아우렐리우스는 늘 말馬 위에 있었다. 안으로는 페스트와 홍수로 제국이 저물고 있었고, 그칠 새 없는 이민족의 침입 등으로 아우렐리우스 통치 시기는 안팎으로 고난의 연속이었다.

아우렐리우스는 로마를 구하려 전쟁터를 누비면서도 밤에는 홀로 돌아와 글을 썼다. 인류 최고의 고전 중 하나로 꼽히는 《명상록》이 그것이다. 《명상록》의 원제가 '자기 자신에게Ta eis heauton'라는 것에서 알 수 있듯, 그는 전장戰場에서 돌아와 밤마다 막사에서 자신에 대한 명상에 잠겼다. 경구로 가득 찬 《명상록》에서 때로 이해불가한 문장이 가끔 눈에 띄는 것도 이 때문이다.

"똑바로 서라! 아니면 똑바로 세워질 것이다."

"스스로 만년 동안이나 살 수 있을 것처럼 행동하지 말라. 죽음은 언제나 그대와 함께 있다."

전쟁터에서 이런 글을 남길 수 있었던 황제에 대해 셰익스피어는 '가장 고귀한 로마인'이라고 평가했다.

035

“후세 사람들이여,
그의 휴식을 방해하지 마시오.”

미셸 드 노스트라담Michel de Nostredame

1503년 프랑스 프로방스에서 태어난 의사이자 철학자, 점성가이다. 노스트라다무스는 라틴어 이름으로 우리에게 본명보다 라틴어 이름으로 유명하다. 몽펠리에 대학에서 의학을 공부했고 흑사병 치료로 유명했다. 1555년 예언집을 펴내 당대는 물론 후대에 큰 영향을 줬다. 1566년 사망했다.

혜성이 지구에 올 때도, 대지진이 발생할 때도, '9·11 테러'처럼 대형 참극이 벌어질 때도, 심지어 월드컵 축구 경기의 결과에도 그의 이름은 빠지지 않고 등장한다.

1503년 유대인 집안에서 태어난 노스트라다무스는, 장미 꽃잎으로 당시 유행하던 흑사병을 치료할 수 있는 '장미약'을 만들었지만, 정작 부인과 자녀는 흑사병으로 잃는 비운을 겪는다.

이후 그는 4행시 형태의 해독이 어려운 예언시를 내놓았다. 그가 유명해진 것은 훗날 추종자들이 그가 프랑스 대혁명이나 원자폭탄 투하, 아폴로호의 달 착륙 등의 예언을 적중시켰다고 주장하면서부터이다.

하지만 그의 예언은 시적인 데다 대부분 모호하여 여러 가지 해석이 가능하다. 게다가 일이 일어난 뒤의 사후 해석이어서 신빙성이 떨어진다. 설사 일부 예언이 맞았다고 해도 실제로는 틀린 것이 대부분이다. "1999년 7월의 달, 하늘에서 공포의 대왕이 내려온다"는 예언은 '1999년 종말론'으로 받아들여졌지만 실제로는 아무 일도 일어나지 않았다.

"후세 사람들이여, 그의 휴식을 방해하지 마시오."

그의 묘비명이야말로 가장 확실한 예언이었는지도 모를 일이다.

036

"인간은 무의식의 지배를 받는다."

지크문트 프로이드 Sigmund Freud

1856년 현재 체코인 모라비아에서 유대인으로 태어난 정신과 의사이자 철학자다. 빈 대학 의학부에 다닐 때부터 정신분석학에 관심이 많았다. 무의식이란 개념을 주창했고, 실제 환자들의 치료에 활용하기도 했다. 《꿈의 해석》, 《정신분석입문》등 다수의 저작을 남기고 1939년 사망했다.

빙산의 91.7%는 수면에 가라앉아 있다. 우리가 눈으로 보는 것은 8.3%에 불과하다. 빙산을 이끌어 가는 본질은 겉으로 드러난 8.3%가 아니라 바다에 잠겨 있는 91.7%다.

"인간은 무의식의 지배를 받는다."

19세기 말 지그문트 프로이트는 무의식이라는 신천지의 발견을 선언했다. 이 한마디는 그동안 인간이 우주의 중심이라는 근대 철학의 기초를 단숨에 해체해 버렸다. 인간은 이성과 합리로 무장한 주인공이 아니라, 무의식의 지배를 받는 노예에 불과하다는 것이었다.

프로이트가 후대에 끼친 영향은 코페르니쿠스와 다윈이 몰고 온 혁명과 어깨를 나란히 하고 있다.

"꿈은 완벽한 심리적 현상이며, 정확히 말해 소원성취다. 또한 우리가 이해할 수 있는 깨어 있는 동안의 정신 활동 속에서 배열될 수 있으며, 아주 복잡한 정신 활동에 의해 형성된다."

꿈에 대한 그의 해석이다. 인류의 지성사에 일대 혁명을 몰고 온 무의식과 정신분석학 탄생의 일등공신은 담배였다. 프로이트는 소문난 애연가로, 암으로 30번이 넘는 수술을 했으며 결국 구강암으로 세상을 떠났다. 그토록 금연을 고민했던 그에게 결국 담배를 끊지 못하게 했던 무의식의 실체는 무엇이었을지 궁금하다.

037

"교육의 목적은, 기계가 아닌 사람을 만드는 데 있다."

장 자크 루소Jean Jacques Rousseau

1712년 제네바 공화국에서 태어난 철학자다. 어머니가 루소를 출산하자마자 사망했고, 아버지는 재혼을 해 불우한 환경에서 자랐다. 여러 귀족 부인들과 교류가 있었지만, 세탁부와 결혼해 다섯 자녀를 고아원에 맡겼다. 우연한 기회에 논문 공모에 당선돼 집필가가 됐고, 《에밀》, 《고백록》을 저술하면서 후대에 계몽주의 철학자로 평가받는다. 1778년 프랑스에서 사망했다.

성자와 같은 인물, 비열한 인간. 18세기 계몽주의를 대표하는 사상가 루소는 극단의 평가를 받고 있다. 《에밀》이란 저작을 남겨 교육사를 루소 이전과 이후로 나눌 정도로 위대한 인물이지만, 그런 책을 쓸 '인간'은 아니었다란 말이 나오는 것도 이 때문이다.

그는 인위적인 교육을 반대한 자연주의를 제창했다.

"교육의 목적은, 기계가 아닌 사람을 만드는 데 있다."

루소는 학생 중심의 근대교육론의 기원을 마련했다는 평가를 받고 있고, 《에밀》을 통해 이상적인 교육을 얘기했다. 하지만 정작 루소 자신은 5명의 친자식을 모두 고아원에 버린 무책임한 아빠였다.

"책을 써서 속죄를 해야 하는 오래된 죄가 있다."

《에밀》은 친자식을 유기한 데 대한 참회와 속죄의 글이기도 했다. 한편으로는 루소가 매정한 아버지로 비난받지만, 다른 쪽에서는 동정론도 있는데, 세탁부와 낳은 아이들에 대해서 늘 다른 남자의 아이가 아닐까 의구심을 갖고 있었다는 설이 있다. 또 태어나자마자 어머니를 잃은 불행과 궁핍했던 생활, 그리고 당시에는 공립 고아원에 아이들을 맡기는 관행이 있었다는 점이 동정론의 배경이다.

038

"서른 살까지는 학문과 예술을 위해 살고, 그 이후부터는 인류에 직접 봉사하자."

알베르트 슈바이처Albert Schweitzer

1875년 당시 독일 영토였던 알자스에서 태어난 의사이자 사회 운동가다. 스트라스부르 대학에 들어가 신학과 철학을 공부했다. 아프리카 의료 선교로 삶의 절반을 보낸 '밀림의 성자'다. 《물과 원시림 사이에서》 등의 저서를 남겼다. 1965년 첫 선교지인 가봉의 랑바레네에서 숨을 거뒀다.

▌ 23살 청명한 여름 어느 날, 청년 알베르트 슈바이처는 결심한다. "행복을 당연한 것으로 받아들일 것이 아니라, 무엇인가 베풀어야겠다는 생각이 들었다. 서른 살까지는 학문과 예술을 위해 살고, 그 이후부터는 인류에 봉사하자."

그의 삶은 이 다짐대로 흘러갔다. 서른이 되기 전에 이미 촉망받는 신학교 교수에다 교회의 부목사였고 권위 있는 오르간 연주자였던 그는, 서른 살에 모든 것을 그만두고 6년 동안 공부해 의사자격증을 땄다. 그러고는 적도아프리카(현재 가봉공화국)의 랑바레네로 향했다. 잡지에서 콩고강 유역 아프리카 흑인들의 참상을 접했기 때문이다.

아프리카로 향하면서 본인 스스로도 "내가 어떻게 그렇게 할 수 있었을까"라고 자문했고 "의사가 없는 곳에서 고통에 시달리는 원시림 속 흑인을 돕는 일이 인도주의적 과제로 여겨졌다"고 스스로 답하고 있다.

이후 90세의 나이로 현지에서 숨을 거둘 때까지, 52년 동안 30년 넘게 병든 흑인들 곁을 지켰다. 아인슈타인의 말처럼 슈바이처는 "우리같이 초라한 사람들 속에서 살고 있는 단 한 명의 위대한 인간"이었는지 모른다. 1952년 슈바이처에게 '인류의 형제애'를 위해 노력한 공로로 노벨평화상이 주어졌다.

039

" 인생에서 돈은 무의미하다.
죽어가는 이들을 돕는 것이
훨씬 중요한 가치다. "

장 앙리 뒤낭 Jean Henri Dunant

1828년 스위스 제네바에서 태어난 사회운동가다. 봉사 활동에 적극적인 부모 밑에서 자랐다. 무역회사를 경영하다 우연히 찾은 전장에서 참상을 목격한 뒤, 국제적인 구호 기구의 필요성을 절감하고 국제적십자사를 설립했다. 1910년 82세의 나이에 스위스의 양로원에서 쓸쓸한 삶을 마감했다.

▌ 1859년, 31살의 젊은 사업가였던 앙리 뒤낭은 깊은 충격을 받는다. 사업 지원을 요청하러 나폴레옹 3세를 만나기 위해 찾았던 이탈리아 북부 솔페리노는 한마디로 처참했다. 프랑스 연합군과 오스트리아군이 맞붙어 싸운 처절한 백병전의 결과였다. 들판에는 4만 명이 넘는 시신이 널려 있고, 팔·다리가 잘린 병사들이 신음하고 있었다. 뒤낭은 급히 야전병원을 세워 적군과 아군을 가리지 않고 부상자들의 치료를 도왔다. 이 참혹한 전장이 국제적십자사가 탄생하는 순간이었다.

이 때의 경험으로 그는《솔페리노의 회상》이라는 책을 썼다.

"인생에서 돈은 무의미하다. 죽어가는 이들을 돕는 것이 훨씬 중요한 가치다."

이 책의 출간을 계기로 그는 전시의 부상자 구호를 위한 중립적 민간 국제기구 창설의 필요성을 역설했고, 이는 1863년 국제적십자 창립으로 이어졌다.

하지만 이후 행방이 묘연해진 뒤낭이 발견된 곳은 1887년 7월 스위스의 작은 마을 하이엔이었다. 하이엔의 양로원에 머무르던 그에게 1901년 노벨평화상의 영광이 찾아왔다. 그가 세상을 떠나자 국제적십자위원회는 "귀하가 아니었다면 19세기에 있어서 최고의 인도주의의 성과물인 적십자는 아마도 생겨나지 못했을 것입니다."라는 찬사를 보냈다.

040

“만국의 노동자여, 단결하라!”

카를 하인리히 마르크스Karl Heinrich Marx

1818년 독일에서 태어난 경제학자이자 철학자다. 1847년 공산주의자동맹을 창설했고, 이듬해 평생 동지인 프리드리히 엥겔스와 《공산당 선언》을 집필했으며, 1867년 《자본론》을 출간했다. 그의 이론은 레닌이 주도한 러시아혁명의 기반이 되었다. 1883년 런던 자택에서 엥겔스가 지켜보는 가운데 64세로 일생을 마쳤다.

20세기 사상의 한 축을 지배한 사상가는 생존 시 당대의 명성을 얻지 못했다. 최고의 지성인이었던 존 스튜어트 밀은 칼 마르크스의 이름조차 모른다고 했다. 하지만 마르크스가 세계 역사를 바꿔 놓을 줄은 밀 역시 몰랐던 것이다.

파리에서 평생의 동지 프리드리히 엥겔스를 만나 1848년 유명한 《공산당 선언》을 집필했다. "하나의 유령이 지금 유럽을 배회하고 있다. 공산주의라는 유령이"로 시작된 이 선언은 다음과 같이 끝난다.

"프롤레타리아가 잃을 것은 쇠사슬밖에 없으며 얻을 것은 온 세상이다. 만국의 노동자여, 단결하라!"

정치적 선동 구호로서 역사적으로 이만큼 설득력이 있는 것도 드물다.

"마르크스는 위대한 혁명가였다. 증오의 대상이 되어 극단적 비방과 모략에 시달렸던 그는, 그러나 이제 수백만 노동자들의 사랑과 존경, 애도 속에서 눈을 감는다."

엥겔스가 이 같은 장례식 추도사를 낭독할 때 그 곁에 있었던 사람은 고작 11명에 불과했지만, 칼 마르크스의 역작인 《자본론》은 성경 다음으로 인류에 가장 큰 영향을 끼친 책으로 손꼽히고 있다.

041

"자연 상태에서 인간은 인간에게 늑대가 된다."

토머스 홉스Thomas Hobbes

1588년 영국에서 목사의 아들로 태어난 철학자다. 옥스퍼드대를 졸업했다. 절대군주제의 지지자였던 그는, 영국에서 장기의회가 결성되자 프랑스에서 망명 생활을 했다. 노년에도 저작에 몰두했고, 1679년 91세를 일기로 삶을 마감했다. 《리바이어던》 외에 《철학원리》, 《법의 원리》 등 많은 저서를 남겼다.

1588년 영국의 어느 시골 마을에서 스페인 무적함대가 쳐들어온다는 소식을 듣고 한 목사의 아내가 공포에 질려 조산을 했다. 이렇게 태어나서인지 토마스 홉스는 "공포와 나는 쌍둥이"라고 말하기도 했다. 그가 살았던 시기는 유럽 전체가 종교전쟁에 휩싸여 있었고, 영국도 피비린내 나는 시민전쟁이 한창이었다.

이런 공포를 해방시킬 그의 명저 《리바이어던》이 1651년 탄생했다. 홉스는 자연 상태에서는 "인간은 인간에게 늑대가 된다"고 설파했다. 이 상태에서는 "만인의 만인에 대한 투쟁"으로 삶은 고독하고 야만스럽다. 이 상태를 끝내기 위해서는 개인들이 욕구를 군주에 위임하기로 계약한 통치 체계가 필요하다고 봤다.

《리바이어던》은 구약성서 속의 거대 괴물로 개인이 안전과 평화를 보장받기 위해 스스로 선택한 절대 권력을 상징한다. 하지만 이 책은 한때 금서로 지정됐고, 숱한 논쟁을 불러일으키기도 했다.

홉스의 《리바이어던》은 성경의 욥기에 나오는 바다의 상상 속 괴물 이름에서 따왔다. 《리바이어던》은 '다시 싸울 생각을 하지 못할 정도로 강력하고 이길 가망이 없는' 무시무시한 괴물이다. 힘에 의해 안전과 질서가 보장되는 절대 권력을 괴물에 비유한 셈이다. 우리가 익히 아는 고전 중 가장 무서운 이름이 붙게 된 배경이다.

042

“동굴 앞만 보도록 되어 있고,
포박 때문에 머리를 돌릴 수도 없다.”

플라톤Platon

BC 427년 그리스 아테네에서 태어난 철학자로 소크라테스의 제자로 철학에 입문했다. 철학사에서 절대적인 인물로 평가받고 있다. 플라톤이란 이름은 ‘어깨가 넓다’란 의미로, 건장하고 얼굴도 잘 생겼던 그는 그리스 체전에 나가 2번이나 우승을 차지할 정도로 체력도 좋았다. 아테네 교외에 ‘아케데미아’라는 학교를 세우고 30권이 넘는 《대화》편을 썼다. BC 347년에 사망했다.

“서양철학 2,000년은 모두 플라톤에 대한 주석에 불과하다.”

영국의 철학자이자 수학자인 화이트헤드의 얘기처럼 서양철학을 쫓다 보면 플라톤을 마주치지 않을 수 없다. 특히 그가 《국가》에서 설파한 ‘동굴의 비유’는 서양철학사의 백미다.

“지하의 동굴 모양 거처에서 사지가 묶여 있는 사람을 상상해 보라. 이들은 동굴 앞만 보도록 되어 있고, 포박 때문에 머리를 돌릴 수도 없다.”

‘동굴의 비유’는, 동굴 안에 있는 사람들의 눈앞에 보이는 것은 벽에 비친 그림자일 뿐이며 진짜는 등 뒤에 있지만 그림자를 진짜라고 생각하게 된다는 의미이다.

플라톤은 우리가 살아가는 이 세계인 ‘현상계’는 그림자에 불과하고, ‘이데아’라는 진리는 ‘현상계’에 있다고 주장했다. 현상계는 현실에선 존재하지 않지만 언젠가는 실현될 수 있고, 철학이나 학문의 목표는 이데아의 세계로 가는 것이라는 주장이다. 만약 이를 하지 못하면 평생 죄수로 캄캄한 동굴 속에 그림자의 세계에 안주해야 한다고 경고했다.

043

“인생은 짧고, 예술은 길다.”

코스의 히포크라테스Hippocrates of Kos

정확한 출생 연도는 알려져 있지 않지만 BC 460년경 그리스에서 태어난 것으로 알려져 있는 의사다. 후대에 ‘의학의 아버지’라는 평가를 받고 있으며, ‘히포크라테스 학파’가 생길 정도로 의학사의 중요한 인물로 칭송되고 있다.

"인생은 짧고, 예술은 길다"는 의학사에서 가장 유명한 의사인 히포크라테스가 한 말로 전해져 온다. 예술의 위대함을 일컫는 격언이 '의술의 아버지'로 추앙받는 사람의 입에서 나왔다는 사실이 다소 의아해 보인다. 하지만 그가 말한 '예술techne'은 예술보다는 '의술 같은 기술'에 가까운 것으로 해석해야 한다는 의견이 지배적이다. 참고로 원문인 경구 제1장 1절의 전문은 다음과 같다. "기회는 흘러가고, 실험은 위험하며, 판단은 어렵다."

히포크라테스는 질병을 신이 내린 벌로 보던 고대 그리스 시절, 병은 자연적인 원인에서 발생하며 자연 환경이 건강에 가장 중요한 영향을 미치는 요소라고 주장하였다. 당시로써는 파격적인 견해였다.

오늘날 전 세계에서 의사가 되려고 하는 사람들은, 의사의 윤리를 규정한 대표적인 문서인 '히포크라테스 선서'를 한다. 이 선서를 히포크라테스가 직접 만든 것인지는 기록에 남아 있지 않지만, 전승되는 그의 저술에 포함되어 있기 때문에 히포크라테스의 작품으로 알려져 현재까지 내려오고 있다.

히포크라테스의 실제 생몰 연대를 정확하게 알 수는 없지만, 100살 넘게 살았다는 풍문이 있을 정도로 오래 살았다고 알려져 있다. 그의 묘비명으로 전해지는 다음 문장에서 그가 장수했을 것이란 사실을 미루어 짐작할 수 있다.

"건강으로 무장하고 질병을 물리쳐 무수한 승리를 거뒀으며, 우연이 아닌 과학으로 커다란 영예를 안았노라."

044

"산은 산이요, 물은 물이로다."

성철性徹

1912년 경상남도 산청에서 태어난 종교인이다. 속명은 이영주李英柱다. 출가 후 1936년 해인사에서 동산東山 스님을 은사로 모시며 사미계를 받고 승려가 됐다. 철저한 수행으로 한국불교의 혁신운동인 '봉암결사'에 참여했다. 1981년 조계종 7대 종정으로 취임했지만, 산문山門을 나오는 일은 거의 없었다. 1993년 법랍 58세, 세수 82세의 나이에 입적했다.

▌ '가야산 호랑이'라는 소리를 들을 정도로 성철 스님은 제자들에게 무서운 스승이었다. 어떤 권력자라고 3천 배를 하지 않으면 만나주지 않았다. 16년 동안 생식을 하고, 8년 동안 눕지 않고 앉은 채 잠을 자는 장좌불와長坐不臥를 했다. 또, 수행 중에는 자신의 있는 곳 주위에 철조망을 치고 아무도 만나지 않는 동구불출洞口不出을 20여년이나 하는 등 자신에게 지나치리만큼 엄격했다.

전두환 군부 정권이 들어서고, 정화淨化란 명목으로 사찰에 군홧발이 들이닥치던 1981년에 조계정 종정에 추대됐다. 그러나 성철 스님은 산문 밖을 나오지 않았다.

"종정이라는 고깔모자를 썼지만, 내 사는 것 하고는 아무 관계가 없다"는 것이었다. 그리고 법어를 내렸다.

"산은 산이요, 물은 물이로다."

알듯 말듯, 선문답 같은 오묘한 법어는 우리 사회에 오랫동안 울림을 주는 한마디로 남아 있다.

1993년 11월 4일 새벽, "일생 동안 남녀의 무리를 속여서, 하늘에 넘치는 죄업은 수미산을 지나친다."라는 열반송을 남기고 입적했다. 마지막 말씀은 "참선 잘 하거라."였다.

045

"군주는 여우와 사자의 기질을 가져야 한다."

니콜로 마키아벨리 Niccolo Machiavelli

1469년 피렌체에서 출생한 이탈리아 르네상스 시대의 관료이자 정치철학자이다. 20대에 피렌체 제2장관을 시작으로 피렌체의 고위공직자와 대사로 활동했다. 하지만 피렌체가 스페인에 패하며 해임된 후, 투옥됐다. 농장에 칩거하면서 《군주론》, 《로마사 논고》 등의 걸작을 남겼다. 1527년 사망했다.

“동시에 둘 다 얻을 수 없다면 사랑보다는 두려움의 대상이 되는 게 훨씬 더 안전하다.”

“무장한 예언자는 모두 성공한 반면, 무장하지 않은 예언자는 실패했다.”

“군주는 여우와 사자의 기질을 가져야 한다. 사자는 함정을 피하지 못하고, 여우는 늑대를 피할 수 없기 때문이다.”

《군주론》이 금서가 되고, ‘악마의 책’이라고 불리는 이유다. 정치를 종교와 윤리에서 해방시켰다는 평가가 나오기도 했다.

니콜로 마키아벨리가 《군주론》을 탈고한 1513년에 조국 이탈리아는 혼돈에 빠져 있었고, 해임된 상황에서 쓴 《군주론》은 복직 헌정서에 가까웠다. 이후 500년 동안 이 책과 그에 대한 무수한 평가는 서로 엇갈리고 있다. 권모술수 하면 떠오르는 것이 마키아벨리이기도 하지만, 그는 현실주의 정치사상의 시발점이기도 하다.

046

“좋은 울음터로다(好哭場)! 크게 울만 하구나.”

박지원朴趾源

1737년 서울에서 태어난 관료이자 작가다. 호는 연암燕巖이다. 면천군수, 양양부사 등을 지냈고, 고증학과 기술 문명을 배우자는 실학사상인 북학파의 거두였다. 44세 때 청나라 열하를 다녀오면서 《열하일기》를 남겼다. 1805년 사망했다. 《허생전》, 《양반전》, 《호질》 등의 세태 비판적인 소설과 《과농소초課農小抄》 등의 문집 및 저서를 남겼다.

1780년 연암 박지원은 청나라 황제의 생일축하 외교사절단의 일원으로 중국 땅을 밟는다. 요동 벌판에 들어선 7월 초파일, 드넓은 요동 벌판을 마주한 연암은 자신도 모르게 손을 들어 이마에 얹고 말했다.

"좋은 울음터로다好哭場! 크게 울만 하구나."

옆에 있던 정진사가 물었다.

"이런 하늘과 땅 사이에서 어찌하여 갑자기 우는 것을 생각하느냐?"

"분노가 사무쳐도, 즐거움이 넘쳐도, 사랑이 지극해도 울 수가 있다."

그리고 연암은 갓난아기 얘기를 한다.

"아이가 태 속에 있을 때는 캄캄하고 막힌 데서 답답해하다가, 하루아침에 넓은 곳으로 나오니, 마음이 시원스레 환하게 되어 어찌 한바탕 울음을 터뜨리지 않을 수 있겠소."

좁은 땅 조선의 불운한 천재였던 연암이 광야를 마주하고 '울음론'을 설파하는 이 대목은 《열하일기》의 명장면 중 한 장면이다.

047

“네가 타인에게 당하고 싫지 않은 일을 너 역시 타인에게 행하지 말라.”

프랑수아 마리 아루에François Marie Arouet

1694년 파리에서 태어난 프랑스 작가로 ‘볼테르Voltaire’로 알려져 있다. 볼테르는 그의 필명이다. 계몽주의를 대표하는 작가로 백과전서 편찬에도 참여한 ‘백과전서파’다. 《관용론》과 함께 철학소설인 《캉디드》 등 다수의 저작을 남겼다. 1778년 사망했다.

1762년 프랑스 남부 툴루즈에서 포목상으로 좋은 평판을 얻고 있던 칼라스는 신교도였다. 변호사가 꿈이었던 칼라스의 장남은, 신교도는 변호사가 될 수 없던 당시 관례에 좌절해 자살했다. 군중들은 아들이 변호사가 되려고 가톨릭으로 개종하려 하자 아버지가 그를 살해했다고 소리쳤다.

하지만 이 사건은 처음부터 명백히 자살 사건이었다. 시체에는 상처나 싸움의 흔적이 없었다. 볼테르의 주장대로 무엇보다 60대 노인이 건장한 청년의 목을 졸라 죽인다는 것은 애초부터 불가능한 일이었다. 당시 현장에 없었던 두 딸은 수녀원에 유폐되고, 미망인의 재산은 몰수됐다. 군중들의 함성 속에 평범했던 한 가정이 풍비박산 난 것이다.

군중의 광기로 결국 칼라스는 증거도 없이 사지를 찢기는 거열형에 처해졌다. 이 야만에 대해 시대를 이끌었던 프랑스 사상가 볼테르는 분개했다. 그는 《관용론》이란 책을 통해 이 사건의 부당성을 반박했다.

"인간의 법은 어떤 경우에도 자연법에 기초해야 한다. (중략) 네가 타인에게 당하고 싶지 않은 일을 너 역시 타인에게 행하지 말라."

이 책에서 그가 남긴 유명한 글이다. 볼테르에게는 3년 뒤 무죄 선고가 내려졌다. 나와 다른 사고와 행위를 존중하고 승인하는 프랑스의 '톨레랑스(관용)' 문화의 시작이었다.

048

"어떤 죽음은 태산보다 무겁고, 어떤 죽음은 새털보다 가볍다."

사마천司馬遷

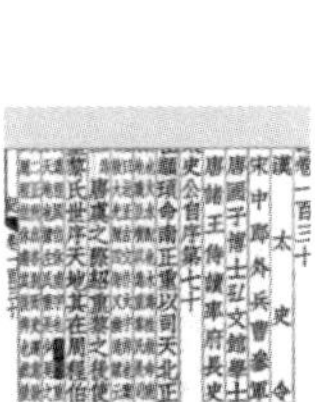

BC 145년경에 태어난 것으로 추정되는 중국 전한前漢시대의 역사가다. 천문역법과 도서를 관장하는 태사령이었던 아버지 사마담司馬談의 관직을 이어받았다. 궁형을 받는 고초 속에 《본기本紀》 12권 등 70권에 달하는 방대한 《사기史記》를 남겨, 중국의 '역사의 아버지'라는 평가를 받고 있다. BC 86년경 사망한 것으로 알려지고 있다.

흉노 정벌에 나섰던 한나라 장군 이릉이 투항했다. 사마천司馬遷은 중과부적衆寡不敵을 내세워 이릉을 변호했다. 그러자 무제武帝는 분노했다. 사마천은 옥에 갇히고 설상가상으로 사형 선고까지 받는다. 50만 전을 내면 사형을 면할 수 있었지만 가난한 사마천에겐 불가능한 일이었다. 사형을 당하지 않는 유일한 방법은 궁형(거세 형벌)을 받는 길이었지만, 사형보다 치욕스러운 궁형을 받기보다는 대부분 자결을 선택했다. 하지만 사마천은 궁형을 받고 살아남았다.

친구에게 보낸 편지에서 사마천은 치욕이란 단어를 19번이나 썼다. 사마천은 궁형을 택한 자신의 심경을 다음과 같은 말로 표현했다.

"사람은 누구나 한 번 죽는다. 어떤 죽음은 태산보다 무겁고, 어떤 죽음은 새털보다 가볍다. 죽음을 사용하는 방향이 다르기 때문이다."

치욕 속에서도 새털보다 가벼운 죽음보다 태산보다 무거운 결단을 택한 사마천이 있었기에 '인간학의 교과서'이자 시대의 고전인 《사기史記》가 우리 곁에 있는 것이다.

049

"역사란 현재와 과거의 끊임없는 대화이다."

에드워드 핼릿 카 Edward Hallett Carr

1892년 영국 런던에서 태어난 언론인이자 역사학자다. 케임브리지 대학을 졸업한 뒤 20년간 외교관으로 활동했다. 웨일스 대학에서 국제정치학을 강의했고, 〈타임스〉의 부편집인을 지내기도 했다. 불후의 명저 《역사란 무엇인가》를 비롯하여, 1·2차 세계대전의 원인을 분석한 《20년의 위기》 등 다수의 저술을 남겼다. 1982년 90세의 나이로 사망했다.

영국의 역사학자 에드워드 H. 카는 1960년 기념비적 강연집인 《역사란 무엇인가》에서 말한다.

"역사는 해석보다 사실이 무조건 우월하다"

"역사란 역사가의 정신적 주관의 산물이다."

역사에 대한 엇갈리는 주장이 모두 타당하지 않다는 것이다. 때문에 "자신의 사실을 가지지 못한 역사가는 뿌리가 없는 쓸모없는 존재"라고 주장했으며, "자신의 역사가를 갖지 못한 사실은 죽은 것이며 무의미하다."라는 지적까지 했다.

이어 후대에 길이 남을, 역사를 얘기할 때마다 빠지지 않는 불후의 명언이 등장한다.

"역사란, 역사가와 그 사실들의 지속적인 상호작용의 과정, 현재와 과거의 끊임없는 대화이다."

'사실'과 '해석' 사이에서 고민했던 카의 결론처럼, 역사는 주관과 객관의 끊임없는 소통이 필요하다는 것을 이 한마디가 극명하게 보여 준다.

050

“진실은 전진하고 있고, 아무 것도 그 발걸음을 멈추게 하지 못할 것입니다.”

L'AURORE
J'Accuse...!
LETTRE AU PRÉSIDENT DE LA RÉPUBLIQUE
Par ÉMILE ZOLA

에밀 프랑수와 졸라Émile François Zola

1840년 프랑스 파리에서 태어난 소설가이자 비평가다. 1871년부터 연작 장편소설인 《루공마카르》 총서를 내놓기 시작하여 20권을 펴냈는데, 《목로주점》을 비롯하여 《나나》, 《제르미날》 등이 유명하다. 드레퓌스 사건으로 징역형을 선고받자 영국 런던으로 망명하기도 했다. 1902년 난로 가스 중독으로 사망했는데 타살 의혹이 제기되기도 했다.

“진실은 이처럼 단순합니다.”

1898년 1월 13일 프랑스 일간지 〈로로르〉 1면, ‘나는 고발한다’라는 대문짝만한 제목의 격문이 실렸다. ‘공화국 대통령에게 보내는 편지’라는 부제가 붙은 이 글의 작성자는 프랑스의 대문호인 에밀 졸라였다.

그가 공개서한을 쓴 것은 유대인 장교를 간첩으로 몰면서 프랑스 국론을 양분시키고 유럽을 끓어오르게 했던 ‘드레퓌스 사건’ 때문이었다. 진범이 밝혀졌는데도 오히려 진실을 말한 자가 투옥되는 상황에서 분노한 졸라는 피를 토하듯 글을 썼다.

“저는 최후의 승리를 추호도 의심하지 않습니다. 진실은 전진하고 있고, 아무 것도 그 발걸음을 멈추게 하지 못할 것입니다.”

이 글은 진실과 거짓의 싸움에서 지식인 앞에 놓인 책무는 무엇인가를 언급할 때마다 빠지지 않는 명언이 됐다. 드레퓌스가 간첩 혐의를 받은 뒤 무죄가 확정되기까지는 12년이란 긴 세월이 걸렸다. 그동안 더디긴 했지만 진실은 발걸음을 멈추지 않고 전진한 것이다.

051

"신문은 옳은 것과 그른 것을 가르치는 도덕 교사"

조지프 퓰리쳐Joseph Pulitzer

1847년 헝가리에서 태어난 미국의 언론인이자, 미디어경영자다. 1864년 미국으로 이주해 지방지 기자를 지내면서 미주리주州 의원으로 정계에도 진출했다. 〈뉴욕의 월드World지〉를 사들이면서 선정적인 기사로 선풍적인 인기를 끌었다. 1911년 사망한 뒤 그의 기부금으로 1917년에 제정된 퓰리쳐상은 저널리즘은 물론, 문학과 음악 등에서 탁월한 업적을 이룬 사람에게 주는 상으로 명성이 높다.

가난한 이민자에 영어도 제대로 하지 못해 노숙자 생활까지 했던 인물이 우연한 기회에 기자로 발탁된다. 그리고 현대 저널리즘을 만든 '신문왕'이 되고, 그의 이름을 딴 상은 저널리즘 분야의 최고의 상으로 등극한다.

드라마 같은 이 얘기의 주인공은 조지프 퓰리쳐다. 그를 모르는 사람도 보도와 문학 등에 세계적인 권위가 있는 '퓰리쳐상'은 기억한다.

노숙자였던 그는 독자 투고를 통해 기자가 됐고, 강한 근성으로 특종을 터뜨리면서 유명한 기자로 거듭났다. 변호사와 정치인으로 활동하던 그는 곧 언론사 인수에 나섰다. 〈뉴욕월드〉를 사들인 뒤, '재미없는 신문은 죄악'이라는 모토 아래 선정적 기사를 쏟아내며, 인수 당시 1만 부에 불과했던 신문을 20년 만에 최고발행부수 매체로 만들었다. 특히 〈뉴욕저널〉과의 경쟁에서 나온 용어인 '황색언론 Yellow Journlism'은 선정성의 상징으로 오늘날까지 사용하고 있다.

황색언론에 가려져 있지만 그는 다른 한편에서 정론지로서 국가 권력이나 부패 등과 성역 없는 전쟁을 벌였다. "신문은 옳은 것과 그른 것을 가르치는 도덕 교사"라는 말은 성역 없는 취재를 상징적으로 보여 주는 말이다. 파나마운하 스캔들과 관련, 시어도어 루스벨트 대통령과 법정 대결을 벌이면서까지 언론의 자유를 지켜냈다.

052

“사람에게 알려지지 않고 그냥 잊히는 것을 막기 위해 이 책을 집필했다.”

헤로도토스 Herodotos

‘역사의 아버지’로 불리지만 정작 본인의 역사는 정확히 알려져 있지 않다. 그가 남긴 글을 통해 유추해 보면 BC 484년경 소아시아의 할리카르나소스에서 부유한 집안에 태어나 고등교육을 받은 것으로 추정된다. 친지가 피살되는 정치 격동기를 맞게 되자 고향을 떠나 세계 곳곳을 편력했고, 이는 결국 인류의 귀중한 자산이 됐다. BC 425년경 사망한 것으로 알려져 있지만 정확한 기록은 없다.

▌ 인류 최초의 여행자는 BC 5세기 사람인 헤로도토스다. 오늘날로 보면 북으로는 우크라이나, 남으로는 이집트, 서쪽으로는 이탈리아까지 10년간 거대한 대장정에 나섰다. 경이로운 여행을 통해 9권의 방대한 《역사historia》라는 저작을 남겼다.

'탐구'라는 히스토리아의 의미처럼, 헤로도토스는 그리스와 페르시아 전쟁사에 담을 기록을 얻기 위해 숱한 곳을 여행했다. 《역사》가 전쟁사처럼 보이지만, 실제로는 여러 나라의 지리나 풍습을 담은 문화사로 평가받는 것도, 오늘날 상상하기 쉽지 않은 헤로도토스의 발품 때문이다.

그는 여행이 낳은 불멸의 고전 《역사》의 첫머리에서 이렇게 말했다.

"그리스인과 이민족 사이에 전쟁을 벌였던 원인이 사람에게 알려지지 않고 그냥 잊히는 것을 막기 위해 이 책을 집필했다."

053

“나의 탑은 전 세계에 프랑스의 독창성, 경제력, 혁신과 열정을 증명해 보일 것이다.”

알렉상드르 귀스타브 에펠Alexandre Gustave Eiffel

1832년 프랑스 다종에서 태어난 건축가다. 에펠탑은 물론 세계적인 조형물인 ‘자유의 여신상’ 철골구조물, 파나마운하 수문 공사 등 세계적인 조형물 작업에 관여한 건축가다. 특히 ‘철의 마법사’로 불릴 만큼 철교 등의 철을 이용한 건축 분야에서 선구자적인 역할을 했다. 1923년 91세의 나이로 세상을 떠났다.

파리의 상징인 에펠탑은 건립 당시 반대가 엄청났다. '세우다 만 공장 파이프', '흉물스런 철사다리'란 표현까지 나왔다. 파리의 명예를 더럽힐 것이란 모욕적인 비난까지 나왔다.

특히 프랑스 소설가 기 드 모파상은 에펠탑을 혐오한 대표적인 지식인으로 널리 알려져 있다.

모파상은 에펠탑에 오면 2층 식당에서만 밥을 먹었다고 하는데, 이곳 2층 식당이 유일하게 에펠탑이 보이지 않으면서 파리 전경을 볼 수 있는 곳이었기 때문이라고 한다.

하지만 이를 설계한 구스타브 에펠은 흔들리지 않았고 다음과 같은 말로 맞서며 자신의 견해를 피력했다.

"나의 탑은 전 세계에 프랑스의 독창성, 경제력, 혁신과 열정을 증명해 보일 것이다."

2년 2개월의 공사 끝에 드디어 300m의 에펠탑이 완성된다. 공사 중 한 건의 사망사고도 없는 완벽한 공사였다.

에펠탑은 현재 프랑스는 물론, 세계인이 가장 사랑하는 아름다운 구조물로 명성을 이어가고 있다. 건립 당시 '흉물'이란 비난에 에펠이 의지를 꺾었다면, 우리는 끝내 멋진 에펠탑을 보지 못했을 것이다.

054

“형태는 기능을 따른다.”

루이스 헨리 설리번Louis Henry Sullivan

1856년 미국 보스턴에서 태어난 건축가다. 매사추세츠 공과대학을 졸업했고 아들러와 함께 설계사무소를 열어 현대건축 양식을 시도했다. 주요 작품으로 시카고의 오디토리엄, 세인트루이스 웨인라이트빌딩, 버펄로 개런티빌딩(현 프루덴셜 빌딩), 커슨 빌리 스콧백화점 등이 있다. 불우한 말년을 보내다가 1924년 사망했다.

디자인을 얘기할 때마다 언급되는 오랜 경구가 있다.

“형태는 기능을 따른다.”

이 한마디는 후대에 계승이 되기도 하고 변형과 반박이 이뤄지기도 했다.

“형태와 기능은 하나다.”

“형태는 재미를 따른다.”

“형태는 욕망을 따른다.”

1871년 화재로 도심이 몽땅 타버린 시카고는 건축가에겐 기회의 도시였다. ‘현대건축의 아버지’ 루이스 설리번은 미국식 건축양식을 선보이면서 시카고를 강철로 된 근대 마천루로 탈바꿈시켰다.

종전의 방식이 ‘원하는 높이에 닿을 때까지 한 층 한 층 쌓아 올리던 방식’이었다면, 그는 형태는 기능을 따른다는 자신의 철학을 앞세워 마천루를 설계했고, 이후 이 아포리즘은 건축과 디자인을 지배했다.

현대 모더니즘 건축의 기반을 마련했다는 평가를 받는 설리번은 고층건물에 새로운 철학을 불어넣은 인물로 널리 회자되고 있다.

055

“내 인생이 내 작품에 대한 최상의 주석이 될 것이다.”

한스 크리스티안 안데르센Hans Christian Andersen

1805년 덴마크 오덴세에서 태어난 동화작가이자 소설가다. 연극배우를 꿈꿨지만 현실에서 좌절했고, 코펜하겐 대학에 들어간 뒤 작가의 길로 들어섰다. 《즉흥시인》은 문단의 호평을 받으면서 독자들의 관심을 끌었다. 1875년 사망했다.

▌ 세계에서 가장 유명한 동화작가의 삶은 잔혹했다. 아버지는 구두수선공, 어머니는 세탁부였다. 세상에 태어나 처음으로 누운 곳은 관을 뜯어 만든 침대였다. '안데르센의 인생은 곧 그의 작품'이라는 말이 나올 법한 환경에서 그는 자랐다.

"나의 인생이 내 작품에 대한 최상의 주석이 될 것이다."

안데르센의 최고의 걸작인《미운 오리새끼》가 1843년 동화집에 수록되자 선풍적인 인기를 모았다. 가난과 동성애, 외모에 대한 콤플렉스 등으로 열등감에 시달렸던 안데르센이 '백조'로 새롭게 태어나는 극적인 순간이었다.《미운 오리새끼》는 불우했던 어린 시절에 대한 은유이자, 천한 신분을 벗어나고자 했던 안데르센의 욕망을 표현한 동화로 이 작품의 해피엔딩도 같은 맥락에서 이해될 수 있다.

《성냥팔이 소녀》는 어렸을 때부터 구걸을 하던 어머니가 겹쳐 있다. 200편이나 되는 동화를 남겼지만, 그는 평생을 독신으로 살았다. 그의 책을 읽을 꿈 많은 아이들과는 거리가 먼 인생이었다. 그가 쓴 동화에 해피엔딩이 아닌 경우가 적잖은 이유다. 빨간 구두의 소녀는 구두를 신은 채 발목을 자르고, 성냥팔이 소녀는 얼어 죽는다.

어찌 보면 해피엔딩보다는 슬픈 결말이 더 많은 안데르센 동화이지만, 그의 작품은 150개국에서 번역됐고, 만화·애니메이션 등으로 재탄생되며 전 세계에서 사랑받고 있다.

056

"인생은 가까이서 보면 비극이지만 멀리서 보면 희극이다."

찰스 스펜서 채플린Charles Spencer Chaplin

영국 런던에서 태어난 영화배우 겸 영화감독이다. 가난한 유년기를 보낸 뒤 할리우드로 건너가 무성영화 시절 가장 유명한 배우로 성공했다. 〈키드〉를 시작으로 〈황금광시대〉, 〈시티라이트〉, 〈모던타임스〉, 〈위대한 독재자〉 등을 잇달아 히트시켰다. 대부분 영화의 주연은 물론 각본과 감독 제작도 도맡았다. 1972년 아카데미 공로상을 받았고 1977년 사망했다.

몸에 꽉 끼는 웃옷에 헐렁한 바지, 콧수염에 커다란 구두, 중절모에 지팡이까지 시골뜨기 같은 겉모습만으로도 웃음을 자아내는 '세기의 배우'의 뒤에는 눈물이 배어 있었다.

그의 영화처럼 그의 삶도 웃음 뒤에 슬픔이 가려져 있다. 배우였지만 술주정뱅이였던 아버지, 목소리를 잃은 어머니.

부모의 이혼으로 사실상 고아였던 찰리 채플린은 8살 때부터 무대에 섰다. 20세기 최초의 대중적인 슈퍼스타였던 그는 결혼을 네 번이나 했다.

말년에는 동맹국이었던 러시아를 돕자는 연설을 했다는 이유로 매카시즘 광풍에 휘말려 미국에서 추방되었고, 스위스에서 생을 마감했다. "세상은 내게 최상과 최악을 동시에 선물했다"란 말처럼 인생이 전개된 것이다.

"인생은 가까이서 보면 비극이지만 멀리서 보면 희극이다."

채플린의 명언 중 무엇보다 가슴에 와 닿는 말이다. 그말처럼 채플린의 삶은 순탄치 않았다. 그가 많은 이들에게 웃음을 준 데는 행복에 대한 독특한 철학이 있었기 때문일 것이다.

"행운과 불행은 구름처럼 종잡을 수 없는 것이란 생각을 갖고 있다. 나는 아무리 나쁜 일이 일어나도 별로 놀라지 않았다."

057

“공은 내가 원하는 대로 오지 않았다.”

알베르 카뮈Albert Camus

1913년 프랑스령 알제리에서 태어난 작가이자 철학가, 언론인이다. 알제리대에 입학한 뒤 폐결핵으로 중퇴했고 알제리 공산당에 들어가, 2차 세계대전 중에 레지스탕스로 활약했다. 1957년 노벨문학상을 받았고, 1960년 47세에 교통사고로 세상을 떠났다. 《이방인》, 《계엄령》, 《시지프스의 신화》 등 다수의 작품을 남겼다.

가난한 알제리 소년은 축구에 열광했다. 포지션은 골키퍼.

"공은 내가 원하는 대로 오지 않았다."

결핵으로 축구를 포기해야 했던 이 소년은, 훗날 건강했다면 축구와 문학 중 어떤 길을 선택했겠냐는 질문에 망설이지 않고 '축구'라고 대답했다. 심지어 이 소년은 유명인사가 된 뒤 다음과 같은 말까지 했다.

"인간의 도덕과 의무에 대해 내가 알고 있는 모든 것은 축구에서 배웠다."

이 소년은 '이방인'으로 유명한 노벨문학상 수상작가인 알베르 카뮈다.

골키퍼로 활약했던 그는 공이 원하는 쪽으로 절대 오지 않는다는 것을 어렸을 때부터 체험했다. 그리고 "이 사실은 사람들이 진솔하거나 정의롭지 않는 대도시에 살아가는 데 큰 도움이 됐다"고 썼다.

058

“영화는 당분간 인기를 끌겠지만 상업적 미래는 전혀 없는 발명품이다.”

뤼미에르 형제Les frères Lumière

형 오귀스트 뤼미에르Auguste Lumière 1862년, 동생 장 뤼미에르 Louis Jean Lumière는 1864년 프랑스 브장송에서 태어났다. 시네마토그래프를 발명, 영화를 찍은 뒤 형 오귀스트는 원래의 전공인 의학에 매진해 암 연구에 평생을 바쳤고, 동생 루이는 사진 연구에 몰두했다. 형은 1954년에, 동생은 이보다 먼저 1948년에 세상을 떠났다.

열차가 도착한다. 마중 나온 사람, 기차 타는 사람들이 뒤섞인다. 흔한 기차역의 풍경이다. 하지만 1895년 12월 28일, 파리의 카페에 모인 35명의 관객은 경악했고, 일부는 놀라 뛰쳐나갔다. 〈기차의 도착〉이라는 영화가 상영되자 정말 기차가 돌진하는 줄 오해한 것이다. 소리도 색채도 없이 요즘 보면 영화라기보다는 CCTV나 다름없었지만, 이는 인류의 최대 오락거리인 '영화의 탄생'이었다.

뤼미에르 형제가 〈기차의 도착〉 등 1분 안팎의 영화 10편을 상영한 첫날 35명의 관객으로 임대료를 빼고 5프랑 정도 남기는, 작은 상업적 성공을 거둔 뒤 관객이 2,000명 넘게 급증했다. 〈기차의 도착〉과 마찬가지로 〈뤼미에르 공장의 출구〉라는 작품 역시 공장에서 퇴근하는 노동자의 모습을 보여준 것에 불과했지만 '영화'라는 새로운 문명에 사람들은 환호했다.

하지만 정작 뤼미에르 형제는 이 발명품의 상업적 미래를 믿지 않았다. 그들은 이런 말을 남기고 영화제작을 중단했다.

"영화는 당분간 인기를 끌겠지만 상업적 미래는 전혀 없는 발명품이다."

059

"미래에는 모두가 15분 동안 세계적으로 유명해질 것이다."

앤디 워홀 Andy Warhol

1928년 미국 펜실베니아에서 태어난 예술가다. 카네기 공대를 졸업했다. 삽화가 등 상업미술가로 이름을 날렸고, 팝아트를 대표하는 예술가이기도 하다. 영화제작에도 참여하는 등 다방면에서 활약했다. 1968년 한 여인이 쏜 총에 맞는 사고를 당해 평생 통증을 친구처럼 몸에 달고 살다가, 1987년 뉴욕에서 세상을 떠났다.

"미래에는 모두가 15분 동안 세계적으로 유명해질 것이다."

1968년에 팝아트의 황제, 앤디 워홀이 자신의 전시회 카탈로그에 쓴 말이다. 이 말은 '15분 동안의 유명세'라는 관용어로 굳어졌고, 실제로 요즘 현실에서 이 말은 낯설지 않다. 스마트폰, SNS 등 여러 가지 미디어로 무장한 현대인들은 15분이 아니라, 1분 안에도 순식간에 유명해질 수 있게 된 상황이다.

TV 세대에 나온 이 발언을 지금 와서 보면 놀라운 예지력이다. 유명세의 덧없음을 은유적으로 표현한 말이기도 하지만, 실제로 요즘 세상엔 '15분 스타'들이 넘쳐난다.

"나는 안 맞는 장소에 맞는 물건으로, 그리고 맞는 장소에 안 맞는 물건으로 있기를 좋아한다. 맞는 장소에 안 맞는 사람으로 있는 것은 항상 재미있는 일이 벌어지기 때문에 가치가 있다. 나를 믿어라. 나는 맞지 않는 공간에 맞는 인간으로 있고, 맞는 공간에 안 맞는 인간으로 있다가 지금의 내 지위를 얻은 사람이다."

커다란 안경에 왜소한 체구, 외모부터 어딘가 구색이 맞지 않는 듯해 보였던 이 예술가는, 그의 말대로 맞지 않은 공간에 맞는 인간으로 살았던 인물인지도 모른다.

060

"힘써 읽기에 적절한
위대한 책은 자연이다."

안토니 플래시드 가우디 이 코르네트
Antoni Placid Gaudí i Cornet

1852년 스페인 레우스에서 태어난 대표적인 현대건축가다. 대대로 주물 제조업을 했던 집안 분위기는, 가우디가 세계적인 건축가가 되는 데 자양분이 됐다. 사그라다 파밀리아 성당은 물론 구엘공원 등의 걸작을 남겼다. 1926년 불의의 사고로 세상을 떠날 때까지 평생을 독신으로 살았다.

▌ 스페인 바르셀로나에는 지금까지 공사 중인 성당이 있다. 세계적인 건축가인 안토니 가우디가 설계한 '사그라다 파밀리아' 대성당이다. 가우디는 서른 살인 1882년에 성당의 공사를 시작해, 1926년 전차에 치여 죽을 때까지 44년을 이 성당의 건축에 매달렸다.

건축 스케일이 워낙 큰 데다 건축비를 기부금에 의존했기 때문에 시작할 때는 완공에 300년이 걸릴 것으로 예상했던 이 건물은, 다행히 가우디 사망 100년이 되는 해인 2026년에 완공될 것이란 전망이 나오고 있다.

가우디가 바르셀로나의 건축학교를 졸업할 당시 학장이 "우리는 학위 증서를 천재에게 주는 건지 바보에게 주는 건지 모르겠다. 시간이 알게 해 줄 것이다."라는 유명한 말을 남겼을 정도로 그는 학창 시절부터 독창적이었다.

보는 사람들의 넋을 놓게 만드는 독특한 그의 작품의 바탕에는 자연이 있다.

"힘써 읽기에 적절한 위대한 책은 자연이다. 세상에는 두 가지 진리가 있는데, 하나는 도덕과 종교, 또 다른 하나는 사실에 의거해 우리를 인도하는 자연이라는 위대한 책이다."

그는 자신의 말처럼, 건축물의 모든 요소도 자연처럼 자유로운 색깔을 지녀야 한다는 입장을 고집했다. 그리고 '신이 머물 유일한 지상 공간'으로 구상한 파밀리아 대성당이라는 인류의 걸작을 남기게 됐다.

061

"내 안에 있는 것을 모두
표현해 낼 때까지는 세상을 떠날 수
없다는 생각으로 이 비참한,
정말로 비참한 삶을 참아내고 있다."

루트비히 판 베토벤 Ludwig van Beethoven

1770년 독일의 본에서 태어난 음악가로, 할아버지와 아버지가 모두 음악가여서 어렸을 때부터 음악에 재능을 보였다. 〈합창〉으로 잘 알려진 교향곡 9번을 비롯해, 3번 〈영웅〉, 5번 〈운명〉, 6번 〈전원〉 등의 교향곡과 〈비창 소나타〉 등 수많은 피아노곡을 남겼다. 고전주의와 낭만주의 시대를 대표하는 음악가로 열 번째 교향곡을 준비하다 1827년 세상을 떠났다.

1824년 5월 7일, 빈의 한 극장에서 인류사에 남을 걸작, 〈합창 교향곡〉이 초연되고 있었다. 4악장에 '환희여, 신들의 찬란한 아름다움이여'라는 실러의 〈환희의 송가〉가 울려 퍼지면서 청중들은 박수와 환호를 보냈다. 하지만 정작 이 곡을 쓴 베토벤은 청중들의 열광적인 반응을 소리가 아닌 몸짓으로만 알 수 있었다.

인류애의 메시지를 담은 〈합창 교향곡〉은 그의 나이 53세 때 완성됐지만 구상된 것은 그보다 훨씬 전의 20대인 1790년대부터다. 이때 이미 그의 귀가 멀기 시작했다.

"내 안에 있는 것을 모두 표현해 낼 때까지는 세상을 떠날 수 없다는 생각으로 이 비참한, 정말로 비참한 삶을 참아내고 있다. 내 육체는 아주 사소한 변화에도 나를 최상의 상태에서 최악의 상태로 전락시킬 만큼 예민하다."

청년 베토벤은 불굴의 의지로 인류애를 노래하는 그의 마지막 교향곡 〈합창〉을 작곡했다. 독일 낭만파 작곡가인 브루크너도 9번 교향곡을 작곡하다 죽었고, 체코의 드보르자크도 9번 교향곡 〈신세계로부터〉가 마지막 작품이다. 이 때문에 '9번 교향곡의 저주'라는 전설이 생겼다. 말러는 9번 교향곡에 번호 대신 〈대지의 노래〉라는 부제를 붙여 발표했지만 역시 죽음을 비껴가지는 못했다.

062

“당신의 사진이 만족스럽지 않다면, 그것은 너무 멀리서 찍었기 때문이다.”

엔드레 에르노 프리드먼Endre Erno Friedmann

1903년 헝가리 부다페스트에서 태어난 헝가리계 유대인이자, 전설적인 종군 사진기자다. 나치가 집권하면서 프랑스로 망명했고, 2차 세계대전 발발 후 미국시민권을 취득했다. 스페인 내전, 2차 세계대전, 인도차이나 전쟁 등 숱한 전쟁 현장을 누비면서 역사적인 사진을 남겼다. 1954년 마흔을 갓 넘은 나이에 세상을 등졌다.

로버트 카파는 스페인 내전부터 베트남 전쟁까지 전쟁터의 최전선을 누비며, 치열한 기자 정신으로 생생한 사진을 남겼다. '카파이즘'이란 용어를 남길 정도로 그는 위대했다. 보도사진 분야에서는 '카파 이전'과 '카파 이후'로 나눠질 정도로 카파는 전설이 되었다.

헝가리에서 가난한 유대인으로 태어나 파리에 주로 살았고, 그가 이 세상을 마지막으로 본 곳은 베트남이었다.

'방랑자' 기질에 걸맞게 그는 늘 떠돌아다니면서 현장을 벗어나지 않았다.

너무 잔인해서 오히려 비현실적인 전쟁의 순간들을 담은 카파의 사진에는, 전쟁에 대한 지독한 혐오와 함께 인간에 대한 깊은 사랑이 배어 있는 것으로 유명하다. 고발과 폭로에만 그치지 않고, 휴머니즘을 바탕에 깔았던 것이다.

카파는 종군기자답게 베트남 전쟁터에서 취재 중 지뢰를 밟아 세상을 떠났다. 취재 현장에서 숨을 거둔 그의 손이 카메라를 움켜지고 있었음은 물론이다.

063

"우물쭈물 하다가 내 이럴 줄 알았지."

조지 버나드 쇼George Bernard Shaw

1856년 아일랜드 더블린에서 출생. 극작가, 소설가, 수필가, 화가, 웅변가 등 다양한 분야에서 활동했다. 비평가로 신문과 잡지에 문학, 미술 등 여러 방면의 글을 남겼고, 본인 스스로도 많은 작품을 썼다. 주요 작품으로 《인간과 초인》, 《성녀 조앤》, 《시저와 클레오파트라》 등이 있다. 1925년 노벨문학상을 받았고, 1950년 사망했다.

▌ "우물쭈물 하다가 내 이럴 줄 알았지."

버나드 쇼의 묘비명으로 널리 알려진 문장이지만, 실제 묘비명의 문구는 이 문장과는 조금 다르다.

원래 묘비명은, '오래 살다 보면, 무덤으로 올 줄 이미 알았다' 정도의 재치 있는 뜻의 문장이다.

묘비명의 오역도 문제지만, '셰익스피어 이후 최고의 극작가'란 얘기를 듣는 버나드 쇼가 누구인지 아는 사람은 드물다. 그의 삶은 우물쭈물과 거리가 멀었다.

마르크스의 《자본론》에 영향을 받아 온건좌파운동인 페이비언 협회 창설에도 가담했고 《페이비언 사회주의론》을 공동집필하기도 했다.

《피그말리온》은 영화로 만들어져, 쇼는 1938년 아카데미 각본상까지 받았다. 우리에게 알려진 묘비명처럼 그의 작품은 사람들을 감동시키는 풍자가 곳곳에 숨어 있었다.

71살의 나이로 노벨문학상을 받았고 94살의 나이로 세상을 떠났다.

064

“주가는 고원의 경지에 도달했다.”

어빙 피셔 Irving Fisher

1867년 뉴욕에서 태어난 경제학자다. 예일 대학에서 수학과 물리학을 공부하고 모교에서 경제학 등을 가르쳤다. 계량경제학의 창시자로 계량경제학회 회장을 지냈으며, 세계 10대 경제학자라는 얘기를 들을 정도로 명성이 높았다. 《가치의 가격이론의 수학적 연구》 등 다수의 저서가 있다. 1947년 사망했다.

'광란'이란 얘기가 나올 정도로 1920년대 미국 경제는 호황이었다. 경기도 좋고, 물가는 안정되어 있었으며, 주식시장도 당연히 호시절이었다.

당시 미국이 낳은 최고의 경제학자라는 영광스런 호칭을 듣고 있던 어빙 피셔는 1929년 10월 24일 투자자 모임에서 자신 있게 공언했다.

"주가는 고원의 경지에 도달했고, 미국의 번영도 영원하리라."

주가가 영원히 떨어지지 않는 고원에 접어들었다는 것이었다. 하지만 피셔의 판단은 어긋났다. 이 말이 나온 며칠 뒤 대공황이 발생했고 주가가 크게 떨어진 것이다. 피셔는 조정을 거친 뒤 주가가 다시 올라갈 것이라 단언했지만 다우지수는 60%나 급락했고, 결국 그는 고개를 숙였다.

그는 화폐수량설을 비롯해, 계량경제학의 선구자로 오늘날까지도 경제학자로 존경받고 있지만, 주식과 관련해서는 명예는 물론 실제로 재산을 다 날렸고, 경제학자의 실수를 언급할 때마다 단골손님으로 오르내린다.

065

"꿈을 현실로 만드는 비밀을 알고 있는 사람에게 오르지 못할 고지는 없다."

월트 엘리아스 디즈니 Walter Elias Disney

1901년 미국 시카고에서 태어난 영화감독이자 제작자이며, 사업가다. 1937년 세계 첫 장편 애니메이션인 〈백설공주〉를 제작해 대성공을 거뒀고, 〈판타지아〉, 〈피노키오〉, 〈메리 포핀스〉 등 히트작을 연달아 제작했다. 디즈니 왕국을 세운 세계 최대의 엔터테이너는 1966년 폐암으로 사망했다.

'꿈의 제왕'답게 월트 디즈니가 남긴, 많은 사람들에게 영감을 준 명언에는 '꿈'이란 단어가 자주 들어간다.

"우리가 살아가는 이 시대는 꿈이 현실이 되는 시대다. 꿈을 현실로 만드는 비밀을 알고 있는 사람에게 오르지 못할 고지는 없다."

디즈니 제국을 만든 열쇠 역시 "꿈은 이룰 수 있다."는 신념 때문이었다.

"꿈을 꿀 수 있다면, 꿈을 이룰 수 있다."

세상에서 가장 인기 있는 캐릭터, 미키마우스는 1928년 탄생했다. 당시 디즈니는 토끼를 캐릭터로 한 '토끼 오스왈드'로 인기를 끌었지만 투자자와의 갈등으로 캐릭터의 권리를 잃게 된다. 이후 대타로 여러 동물을 고심하다 애완용 쥐에게서 영감을 받아 미키마우스 캐릭터를 개발했다.

1928년 5월 15일 '미친 비행기'라는 애니메이션의 주인공으로 미키마우스가 등장했고, 90살이 가까운 지금까지도 미키마우스는 열렬한 인기에 힘입어 왕성한 활동을 하고 있다.

가난한 이민자의 후손으로 어려서는 신문 배달이 직업이었던 디즈니는 30개가 넘는 오스카상을 받았다.

이 몽상가는 그가 말한 대로 꿈을 이뤘다.

066

"부자인 채로 죽는 것은
정말 부끄러운 일이다.
자식에게 유산을 물려주는 건
저주를 퍼붓는 것과 같다."

앤드루 카네기Andrew Carnegie

1835년 스코틀랜드 던펌린에서 태어난 기업인이다. 직조공이었던 가난한 노동자의 아들로 태어나, 1848년 미국 피츠버그로 이주했고, 그 역시 방적공장 노동자 등을 전전했다. 침대차 회사에 투자에 참여하면서 큰돈을 모았고, 훗날 '철강왕'이면서 '기부왕'으로 이름을 떨쳤다. 1919년 사망했다.

앤드루 카네기의 인생은 1부와 2부로 완벽하게 나뉜다.

1부는 직조공의 아들로 미국에 건너와 미국 철강시장의 65%를 거머쥐며 억만장자가 된 시기다. 그로인해 '철강왕' 카네기는 '악덕 자본가'란 평판을 들었다.

2부는 사업을 매각하고 냉혈한 사업가와는 정반대의 따뜻한 '기부왕'의 삶을 산 시기다.

그는 젊었을 때 이미 35세에 은퇴하고 생활비를 뺀 나머지를 기부하겠다고 계획을 세웠다.

"부자인 채로 죽는 것은 정말 부끄러운 일이다. 자식에게 유산을 물려주는 건 저주를 퍼붓는 것과 같다."

카네기는 실제로 이 말을 실행에 옮겼다. 그의 계획은 당초 생각보다 30년 늦어졌지만 요즘 돈으로 100억 달러를 사회에 환원했고, 그의 기부금으로 지어진 도서관만 미국 전역에 2,500개가 넘는다.

"자기보다 나은 사람을 곁에 모아둘 줄 아는 사람, 여기 잠들다."

카네기의 묘비명이다. 이 묘비명은 조직의 리더들이 겸허하게 자신보다 더 나은 사람들을 과감히 기용할 줄 알아야 한다는 용인술用人術을 언급할 때 자주 등장하는 한마디다.

067

“우리가 저녁식사를 할 수 있는 것은 이기심 때문이다.”

애덤 스미스 Adam Smith

1723년 스코틀랜드에서 태어난 정치경제학자이다. 글래스고 대학에서 철학을 공부한 뒤, 옥스퍼드대에 들어갔지만 중간에 그만두었다. 1776년 자본주의 이론의 기초를 제공한《국부론》을 저술해 ‘경제학의 아버지’라는 평가를 받고 있다. 1795년 저술한《도덕감정론》도 명저로 꼽히고 있다. 1790년 세상을 떠났다.

경제학 역사에서 가장 많이 인용되는, 자본주의의 핵심을 찌른 결정적인 한마디는 이렇다.

"우리가 저녁 식사를 할 수 있는 것은 푸줏간 주인이나 양조장 주인, 빵집 주인의 자비심 덕분이 아니다. 그들의 자기 이익을 챙기려는 이기심 때문이다."

애덤 스미스는《국부론》에서 자신의 이익을 위해 빵집이나 푸줏간 주인이 일하면서 우리가 밥을 먹는 것이라고 주장한다.

그는 이기심이라는 인간 본성을 경제 행위의 기초로 해석했다. 본인들도 모르게 자신만의 이익을 추구하는 과정에서 '보이지 않은 손'에 의해 세상이 돌아간다는 것이다.

이후 그의 주장에는 수정이 가해지고, 마르크스에 의해 흔들리기도 했지만 21세기에도 승자는 애덤 스미스와 푸줏간 주인이었다.

"나는 내 저서를 통해서만 아름다워 질 수 있지"라고 말할 정도로 그는 얼굴이 잘 생기지 못했고, 말도 더듬었던 것으로 알려졌다. 하지만 1776년 출간한《국부론》으로 그는 '경제학의 아버지'라는 사라지지 않는 명예를 얻게 되었다.

068

"주식시장이 비이성적 과열에 빠졌다."

앨런 그린스펀Alan Greenspan

1926년 미국 뉴욕에서 태어난 경제학자이자 관료다. 뉴욕대에서 경제학박사 학위를 받은 뒤 닉슨 대통령 시절 경제자문관을 거쳐 1987년 레이건 대통령 시절에는 연방준비제도 의장에 취임하여 2006년까지 자리를 지켰다. 재임 기간 중 비난도 받았지만 역사상 가장 위대한 중앙은행 총재, 마에스트로라는 칭송을 받았다.

▌ '세계 경제대통령'의 화법은 모호했다. "내가 한 말을 분명하게 이해했다면 당신이 잘못 이해한 것"이라 말할 정도였다.

세계는 그의 입에 주목했지만 해석은 제각각이었다. 주가가 지칠 줄 모르고 오르던 1996년 12월, 그는 "주식시장이 비이성적 과열에 빠졌다"는 요지의 발언을 했다.

그는 '비이성적 과열'이란 두 단어로 시장을 잠재웠다. 18년 동안 미국 연방준비제도Fed 의장을 지낸 앨런 그린스펀의 이 발언은, 증시 과열을 얘기할 때마다 관용구처럼 쓰이는 유명한 말이다.

미국 Fed 의장의 일거수일투족에 따라 세계 여러 나라의 주가나 금리가 출렁였기에 그에게는 '세계 경제대통령'이란 표현이 어색하지 않았다. 이 같은 위력 때문에 그린스펀은 항상 주목받았고, 그의 한마디는 늘 주요 기사로 다뤄졌다.

그는 정확한 분석과 처방으로 미국 경제를 반석에 올려놓았던 독재자이자 '마에스트로'였다. 닷컴과 부동산 버블의 원인 제공자로 '미스터 버블'이라는 비난도 받았다. 하지만 "그린스펀이 없었다면 우리는 그린스펀을 발명했어야 했다"는 칭송도 주어졌다.

069

“식량은 산술급수적으로 증가하는데, 인구는 기하급수적으로 늘어난다.”

토머스 로버트 맬서스Thomas Robert Malthus

1766년 영국 길드포드에서 태어난 정치경제학자다. 케임브리지 대학을 나오고, 성공회 성직자로 활동하기도 했다. 애덤 스미스, 리카도와 함께 고전경제학을 대표하는 학자 중 한 명으로 영국 왕립학회 회원으로 활약했다. 빈곤의 이유를 인구 증가에서 찾은《인구론》으로 유명하다. 1834년 사망했다.

▌ 현재 인구는 100만 명. 한 사람에 쌀 한 가마니가 배당된다. 인구는 25년마다 배로 증가해 200년 뒤 2억 5,600만 명으로 급증하지만 쌀은 900만 가마니밖에 늘지 않는다. 1:1이었던 인구 대 식량의 비율은 200년이 흐르면 256:9, 300년 뒤에는 4,096:13, 2,000년 뒤에는 계산 불능, 파국이다.

"식량은 산술급수적으로 증가하는데, 인구는 기하급수적으로 늘어난다."

경제학 역사에서 가장 충격적인 문장이 담긴 토머스 맬서스의《인구론》은 1798년 익명으로 출판됐다. 맬서스는《인구론》에서 인구와 식량 증가율의 불균형으로 빈곤과 죄악이 불가피할 것으로 내다봤다.

인간이 이성의 힘으로 이상을 실현할 수 있다는 계몽주의 세계관을 뒤흔드는 충격이었다. 그러나 이 절망적인 예언은 다행히도 빗나갔다. 토대가 된 통계의 오류, 농업 기술의 발달 등이 고려되지 않았기 때문이다.

070

"요람에서 무덤까지"

윌리엄 헨리 베버리지William Henry Beveridge

1879년 인도 랑푸르에서 출생한 경제학자다. 영국의 광범위한 사회보장 제도의 기초를 세운 베버리지 위원회 활동으로 유명하다. 런던정경대학 학장, 런던대 부총장을 지냈고, 왕립경제학회 회장도 역임했다. 전시 노동 차관을 맡기도 했고, 노동당 소속 하원의원 등 다방면에서 활약했다. 1963년 사망했다.

▌ 런던에 포탄이 쏟아지고 국가의 존망조차 위태롭던 시기, 처칠 내각은 복지국가의 청사진을 내놓는다. '베버리지 위원회'의 위원장이었던 경제학자 윌리엄 베버리지의 이름을 딴 《베버리지 보고서(원제는, 복지국가와 관련서비스)》는 절망에서 희망을 찾는 산 노력이었다.

1942년 12월 보고서가 발행되자 국민들의 관심은 엄청났다. 이 책을 사기 위해 2km 가까운 행렬이 이어졌고, 정부 보고서로는 이례적으로 하루에 7만 부가 팔렸다. 국민들은 전황보다 이 책에 관심이 더 많을 정도였다.

베버리지는 이 보고서를 통해 삶의 질을 가로막는 궁핍 · 질병 · 무지 · 불결 · 나태를 5대 악惡으로 지목했다. 모든 국민을 여기서 해방시키기 위해 무료보건 · 가족수당 등 포괄적 복지장치 마련을 제안했다. 복지를 애기할 때 관용구처럼 쓰는 '요람에서 무덤까지'는 이 보고서에서 나온 것이다.

《베버리지 보고서》는 출간되기 전부터 인기를 끌었다. 발매 첫날 7만 부가 팔린 데 이어 1년간 요약판까지 포함해 60만 부가 팔릴 정도의 '베스트셀러'였다. BBC가 보고서 내용을 보도하자, 23개 국어로 각국에 전파되기도 했다.

《베버리지 보고서》는 영국병의 기원이라는 비판과, 전시〈None 戰時〉에서도 복지에서 희망의 씨앗을 찾았다는 평가가 공존한다.

071

"성공은 평범한 일을 비범하게 처리하는 것이다."

존 데이비슨 록펠러John Davison Rockefeller

1839년 뉴욕에서 태어난 사업가다. 넉넉지 않은 형편이었지만 일찍부터 재테크에 눈을 떴고, 석유 정제업에 손을 대면서 큰돈을 벌었다. 1870년 스탠더드 오일을 창립해 '석유의 왕'이란 소리를 들을 정도로 대부호가 됐다. 다양한 자선사업을 펼쳤으며 98세인 1937년에 세상을 떠났다.

'자선사업의 시조'이자 '악덕 자본가'로 극을 달리는 평가를 받는 '석유왕' 존 록펠러는, '피도 눈물도 없이'란 표현이 걸맞을 만큼 무자비한 기업 인수·합병M&A을 통해 39살에 석유사업의 90%를 장악하며 미국의 최고 부자 반열에 올랐다.

"성공의 비결은 평범한 일조차 비범하게 처리하는 것이다."

그는 술이 나오는 행사는 아예 가지 않을 정도로 독실한 침례교 신자였다. '왼손 몰래 오른손'으로 무수히 많은 기부를 했다. 널리 알려진 록펠러재단을 세웠고 시카고대, 록펠러대도 그가 설립한 학교다. 1969년 노벨경제학상 시상이 시작된 후 수상자 74명 중 12명이 '시카고 학파'였다.

록펠러는 많은 명언을 남긴 인물로 유명하며 그의 말은 세계의 많은 리더들에게 자주 인용되고 있다.

"좋은 리더십이란 평범한 이들에게 뛰어난 사람들이 일하는 방식을 보여주는 것이다."

"돈을 버는 방법은 사람들 사이에 곡소리가 울려 퍼질 때 승부수를 던지는 것이다."

"단지 부자가 되고 싶다는 막연한 생각만 가지고 시작하는 사람들은 성공하기 어렵다. 더 큰 야망을 가져라!"

072

“앞으로 포드라는 상표를 붙인 자동차는 모두 똑같은 모양, 똑같은 성능을 갖게 될 것이다.”

헨리 포드 Henry Ford

1863년 미국 디트로이트에서 태어난 사업가이다. 어렸을 때부터 기계 조립 등에 관심을 보였고 학업을 중단하고 자동차 제작에 몰두했다. 1903년 포드자동차를 설립했고, 1908년 양산차인 모델 T로 선풍적인 인기를 끌었다. 부품의 표준화와 작업의 전문화, 제품의 단순화 등 '3S 운동'을 전개하면서 극단적인 노동 효율 향상을 꾀했다. 1947년 세상을 떠났다.

"앞으로 포드라는 상표를 붙인 자동차는 모두 똑같은 모양, 똑같은 성능을 갖게 될 것이다."

1908년 헨리 포드가 'T형' 자동차 생산에 들어가면서 한 말이다. 평범해 보이는 이 말은 전 세계 라이프스타일을 바꾼 한마디가 됐다.

당시만 해도 자동차는 소수 귀족들의 전유물이었다. 포드는 그의 신념처럼 '5%가 아닌 95%'를 위한 차를 선보였다. 망할 것이란 주변의 얘기를 압도하면서 포드 T형 자동차는 10년 뒤 전 세계 자동차 10대 중 7대를 차지하는 대성공을 거뒀다.

차를 대중화시키기 위해선 가격을 낮춰야 했다. 대량생산이 불가피했고, 컨베이어 벨트로 상징되는 20세기 미국의 키워드인 '포드주의fordism'의 '발명'으로 이어졌다.

디트로이트에 있는 그의 기념관에는 이런 문구가 있다.

"포드는 꿈을 꾸는 사람이었다."

그의 꿈은 이뤄졌지만, 노동자를 톱니바퀴로 만든 포드주의는 낡은 유물로 여전히 비난받고 있다.

073

"항상 갈망하라, 우직하게"

스티브 폴 잡스 Steven Paul Jobs

1955년 미국 샌프란시스코에서 태어난 기업가다. 리드 대학을 중퇴했고, 애플을 창업하여 매킨토시 컴퓨터로 성공을 거뒀다. 자신의 설립한 회사에서 쫓겨난 뒤 넥스트사를 세웠고, 1996년 애플에 복귀했다. 아이팟, 아이폰, 아이패드 등을 잇달아 내놓으면서 전 세계인의 라이프스타일을 바꿨다. 2011년 췌장암으로 56세에 사망했다.

그가 대학 경험을 조금이라도 할 수 있었던 건 순전히 어머니 덕분이었다.

미혼모였던 조앤 심슨은 자신의 아들을 대학에 보내 주겠다는 약속을 받고 입양을 허락했다.

그러나 2005년 6월, 이제는 '세기의 언어'가 된 스티브 잡스의 스탠퍼드 대학 졸업식 연설은 "저는 대학을 졸업하지 않았습니다."로 시작했다.

췌장암 선고를 받고 처음으로 대중 앞에 등장했던 그는 "죽음은 삶이 만든 최고의 발명품이다."는 통찰에 이른다.

그는 연설의 마지막을 어린 시절 본 책의 표지에 쓰인 문장으로 마무리 지었다.

"뒤표지에 이른 아침의 시골길 사진이 있었는데, 아마 모험을 좋아하는 사람이라면 히치하이킹을 하고 싶다는 생각이 들 정도였죠. 그 사진 밑에 이런 말이 있었습니다. 항상 갈망하라, 우직하게."

074

“나는 정의를 사랑하고, 부정을 미워했다.”

그레고리오 7세Gregorius VII

1020년 북이탈리아에서 출생한 것으로 추정되고 있는 교황이다. 속명은 힐데브란트Hildebrand로 아버지가 대장장이인 것으로 알려져 있지만 어린 시절은 정확치 않다. 수도원에서 교육을 받았고, 알렉산드르 2세에 이어 제157대 교황에 올라 교황권 우위정책을 펴다 1805년 은신처에서 세상을 떠났다.

1077년 1월 추운 겨울, 눈발이 날리는 이탈리아 북부 카노사 성문 앞에 신성로마제국 황제인 하인리히 4세가 맨발로 무릎을 꿇었다. 하인리히 4세가 자신의 궁정신부를 대주교로 임명하자, 교황 그레고리오 7세가 황제를 파문했다. 하인리히 4세가 눈물로 자비를 구하기를 사흘. 교황은 그때서야 파문 철회를 선언했다. 이 사건은 중세 교황권의 전성기를 알리는 '카노사의 굴욕'으로 후대에 전해지고 있다.

이후 상황은 역전하여, 하인리히 4세는 교황을 폐위하는 등 반격에 나섰다. 그레고리오 7세는 이를 피해 도주했고 1805년 복수를 하지 못한 채 세상을 뜨면서 유언을 남겼다.

"나는 정의를 사랑하고, 부정을 미워했다. 그래서 유배되어 죽음을 맞는다."

'교황은 해, 황제는 달'이 상징하듯 중세는 교황권이 왕권을 압도했다. 황제의 무릎을 꿇린 카노사의 굴욕은 막강한 권력의 우월한 교황권을 상징하는 대표적 사건이다. 하지만 이후 교황의 권력은 쇠퇴하기 시작했다.

075

“나에게는 꿈이 있습니다.”

마틴 루서 킹Martin Luther King

1929년 미국 애틀랜타에서 태어난 목사이자 흑인해방운동가다. 보스턴대에서 신학박사 학위를 받은 뒤 목사로 활동했다. 흑인인권운동을 이끈 공로로 35살의 최연소 나이에 1964년 노벨평화상을 받았다. 1968년 흑인 환경미화원 파업을 지원하기 위해 멤피스에 갔다가 암살당했다.

1963년 8월 28일, 워싱턴 링컨 기념관 광장에서 20세기 가장 위대한 연설이 시작됐다.

"100년 전 위대한 미국인(링컨)이 노예 해방 선언서에 서명했습니다. 하지만 100년 후 흑인은 아직 자유롭지 않습니다."

20만 명이 넘는 구름 같은 인파 앞에 선 이는 흑인 민권운동가인 마틴 루서 킹 목사였다. 그리고 연설 후반부에 역사에 길이 남을 명대사가 이어진다.

"나에게는 꿈이 있습니다. 조지아 주州 붉은 언덕에서 노예의 후손과 주인의 후손이 형제처럼 손을 맞잡고 나란히 앉게 되는 꿈이. 나에게는 꿈이 있습니다. 내 아이들이 피부색이 아니라 인격으로 평가받는 나라에서 살게 되는 꿈이."

킹 목사는 이 연설 이듬해에 노벨평화상을 받았고, 5년 뒤에 암살당했다. 그리고 40년 뒤 미국에서 첫 흑인 대통령이 나왔다.

"드디어 해방되었네. 드디어 해방되었네. 드디어 해방된 것을 하나님께 감사하네."

그의 묘비에 새겨진 흑인영가의 한 구절이다.

076

“내가 명하는 것이 아니라,
주(主)가 명하는 것이다.”

우르바누스 2세Urbanus PP. II

1042년 프랑스 샹파뉴에서 태어난 교황이다. 1064년 수사가 되었고 1,088년 교황 빅토르 3세에 이어 프랑스인으로는 두 번째로 교황이 됐다. 이슬람교도를 ‘저주받은 종족’으로 취급하며 십자군운동을 주도했지만 1차 십자군 원정단이 예루살렘을 함락시켰다는 소식을 듣지 못한 채 1099년 선종했다.

▌ 역사를 뒤바꿀 거대한 일이라는 것을 알아차린 듯, 교황 우르바누스 2세의 연설은 열정적이었다. 1095년 11월 27일 프랑스 클레르몽 언덕에서 교황은 말한다.

“이슬람교도와 싸워 성지를 회복하자. 내가 명하는 것이 아니라, 주主가 명하는 것이다.”

군중들은 “신이 그것을 바라신다”고 화답했다. 싸우다 죽으면 ‘천국의 영광’이 보장된다는 말도 덧붙여졌다.

이후 200년 동안 세계의 역사를 뒤흔든 십자군운동이 시작되었다. 이듬해 10만 명 규모의 1차 십자군 원정이 시작됐고, 8차례나 십자군이 동방을 향했다. 예루살렘을 탈환하기도 했지만 결국은 실패로 끝났다.

초기에는 종교적 열정이 가득했던 십자군들은 ‘성전’이란 이름으로 약탈과 만행을 저지르며 폭도가 됐다. 그러나 한편으로는 이슬람 문화와의 접촉으로 상업이 발달하는 등 십자군 원정은 유럽을 전혀 다른 세계로 바꿔 놓았다.

077

"면죄부를 사는 것보다 가난한 사람을 도와주는 게 선하다."

마틴 루터Martin Luther

1483년 독일의 작센안할트에서 태어난 신학자이자 종교운동가다. 법학대학을 그만둔 뒤 수도원에 들어간 후 신학박사가 됐다. 당시 교회의 관습이었던 면죄부 판매를 비난하는 글로 교황 레오 10세에게 파문을 당하기도 했다. 1525년에 16년 연하의 전직 수녀와 결혼해 화제가 되기도 했고, 1546년 삶을 마무리했다.

▌ 1517년 10월 31일 정오, 독일의 성직자 마틴 루터는 비텐베르크 교회 정문에 〈95개조 반박문〉을 내건다. "금화를 면죄부 헌금함에 넣어 소리가 나면 죽은 자의 영혼은 천국으로 향한다"는 말이 있을 정도로 당시로는 공공연했던 면죄부 판매가 이뤄지고 있을 때다.

"면죄부를 갖고 있기 때문에 확실하게 구원을 받을 수 있다고 믿는 사람은 영원히 저주받을 것이다."

루터는 반박문을 통해 자신의 주장을 펼쳤다.

"가난한 자를 도와주고 필요한 자에게 빌려 주는 행위가 면죄부를 사는 일보다 훨씬 선한 일이라는 점을 기독교도에게 가르쳐야 한다."

이것이 르네상스와 함께 세계사를 근대로 전환하는 일대 역사가 될 줄을 그도 몰랐다. 때마침 유럽에 확산되기 시작한 구텐베르크의 인쇄술 덕분에 〈95개조 반박문〉이 삽시간에 유럽을 휩쓸었다. 구텐베르크가 없었으면 종교개혁도 없었을 것이란 말이 나오는 것도 이 때문이다.

광부의 아들로 태어난 루터는 아버지의 뜻에 따라 법대를 다녔지만 결국 아버지의 뜻을 거스르고 성직자의 길로 들어섰다. 그가 뿌린 불씨가 종교개혁으로 이어지고, '프로테스탄트의 탄생'이란 역사를 만들어 냈다.

078

"나는 사랑하려고 몸부림쳤습니다. 기쁨과 더불어, 그리고 슬픔과 더불어."

앙리 마리 조제프 그루에Henri Marie Joseph Grouès

1912년 프랑스 리옹에서 태어난 정치인이자 종교인이다. 레지스탕스운동에 참여하면서 여러 가명을 썼고 아베 피에르는 그 중 하나다. 1938년 사제 서품을 받고, 사제의 신분으로 레지스탕스 조직원 활동을 하다가 체포되기도 했다. 그는 여러 분야에서 기억되지만 엠마우스 빈민구호운동으로 대표되는 빈민운동가로 가장 널리 알려졌다. 2007년 선종했다.

“묘비에 어떤 글을 새기고 싶습니까?”라는 질문을 받은 노신부는 이렇게 답했다.

“나는 사랑하려고 몸부림쳤습니다. 기쁨과 더불어, 그리고 슬픔과 더불어.”

2007년 94살의 나이로 선종하기까지 아베 피에르 신부는 해마다 ‘프랑스에서 가장 좋아하는 사람’ 1위에 꼽혔다. 유복한 집에서 태어났지만 그는 세속의 미래를 버리고 사제의 길로 들어섰다. 2차 세계대전 때는 레지스탕스로 활동했고, 전쟁이 끝난 뒤엔 국회의원으로 활약하기도 했다.

피에르라는 이름을 널리 알린 것은 1954년 겨울의 일이다. 매서운 한파 속에 파리 시내 한가운데서 집 없는 여인이 얼어 죽는 사건이 발생했다. 이 사실을 들은 피에르는 한 라디오 프로그램에 출연, “오늘 밤 차가운 아스팔트에서 잠자는 사람들이 없도록 합시다.”라는 호소를 했고, 시민들이 이에 크게 호응했다.

‘불멸의 성자’로 불리는 건 그가 빈민공동체인 ‘엠마우스’를 창설하여 가난한 이들의 편에 섰기 때문이다. 빈민운동을 하며 진보적인 주장을 자주 펼쳐 ‘빨갱이 사제’라는 비난을 받기도 했지만, 그는 내게 있어 확실한 것은 세 가지 뿐이라고 말하면서 이 같은 비난을 받아넘겼다.

“그래도 신은 사랑이라는 것, 그래도 우리는 사랑받고 있다는 것, 그래도 우리는 자유롭다는 것이다.”

079

"가을바람 쓸쓸한데 물조차 차구나,
대장부 한번 가면
어찌 다시 돌아오리."

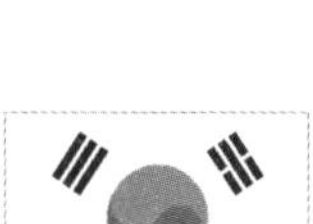

이준李儁

1859년 함남 북청에서 태어난 독립운동가다. 잠시 관직에 있었지만 법관양성소를 나와 짧은 기간 동안 검사 생활도 했다. 이후 서재필이 주도하는 독립협회에 가담했고, 친일단체인 일진회에 맞서 공진회를 주도하기도 했다. 1907년 이상설, 이위종과 함께 네덜란드 헤이그에 열린 만국평화회의에 참가해 을사늑약의 부당함을 알렸지만, 열강의 반대로 뜻을 이루지 못하고 현지에서 순국했다.

▌ 이역만리 헤이그에서 순국한 이준 열사가 대한민국 1세대 검사였다는 사실은 그리 많이 알려져 있지 않다. 그는 한국 최초의 근대적 사법교육기관인 법관양성소 1호 졸업생이다. 그러나 검사 생활은 1개월 남짓에 불과했다. 한성재판소 검사보로 임관된 뒤 고위관리들의 비행을 파헤치고 비판하다가 곧바로 면직됐기 때문이다.

훗날 고종이 그에게 만국평화회의에 밀지를 준 것도 이런 강직함을 높게 평가한 때문이다.

이준 열사를 비롯해 헤이그에 파견된 3명의 특사는 일본 등의 방해로 만국평화회의에서 제대로 활동하지 못했다. 그러나 특사들은 현지에서 발행되던 〈평화회의보〉에 '왜 대한제국을 제외시키는가?' 라는 제목의 장문의 글을 남겼고, "일본인들이 대한제국 황제 폐하의 승낙 없이 행동을 취했고, 황실에 무장 병력을 사용했다"는 주장을 했다.

이준은 네덜란드로 떠나기 전 주위 사람들에게 시를 남겼다.

"가을바람 쓸쓸한데 물조차 차구나, 대장부 한번 가면 어찌 다시 돌아오리."

이준 열사 일행은 만국평화회의에서 일제 침략을 규탄하며 국제 여론을 환기시켰지만 반응은 싸늘했다. 그의 불길한 예감처럼 끝내 돌아오지 못하고, 타국에서 48세의 짧은 생을 마감했다.

080

"나라 망하는 날, 죽는 선비 하나 없어서야"

황현黃玹

1855년 전남 광양에서 태어난 독립운동가이자 시인, 문장가이다. 세종대왕 시절 명재상名宰相으로 이름을 떨친 황희의 후손으로 호는 매천梅泉이다. 생원진사시에 합격했지만, 시국의 혼란을 개탄하고 낙향해 후배 양성에 주력했다. 1910년 한일합병 조약이 체결되자 울분을 참지 못하고 절명시를 남긴 채 세상을 떠났다. 《매천야록》과 《오하기문》 등의 저술이 있다.

가을이 깊어가고 있던 1910년 9월 8일, 평생 글을 써 온 선비가 마지막 문장을 시작했다.

“금수도 슬피 울고 산하도 찡그리니, 무궁화 세상은 이미 망해 버렸네. 가을 등불 아래 책 덮고 지난 역사 헤아리니, 인간 세상에 글 아는 사람 노릇 어렵기만 하구나.”

절명시絶命詩를 쓴 다음 날, 소주에 아편을 섞어 마신 뒤 유언을 남긴다.

“나라가 선비를 기른 지 오백 년이나 되었는데, 나라 망하는 날 죽는 선비가 하나도 없어서야 어찌 슬프지 않겠는가.”

그리고 다음날 세상을 떠났다.

이 글을 쓰기 열흘 전 경술국치로 대한제국이 사라지자, 구한말 3대 문장가 중 한 명으로 매서운 붓으로 유명한 황현은 자결했다. 특히 절명시 중 ‘인간 세상에 글 아는 사람 노릇 어렵기만 하구나難作人間識字人’ 하는 문구는 ‘글을 배운 사람(지식인)’의 책무를 언급할 때 울림이 큰 문구다.

081

"맑다. 옥문을 나왔다."

이순신李舜臣

1545년 서울에서 태어나 아산에서 어린 시절을 보낸 무관이다. 시호 충무忠武로 1576년 무과武科에 급제했다. 전라좌도수군절도사, 삼군수군통제사로 임진왜란에서 일본군에 연승했지만 적장을 풀어 줬다는 모함을 받아 옥고를 치렀다. 다시 삼군수군통제사에 임명돼 명량해전에서 대승을 거둔 뒤 1598년 노량해전에서 적탄에 삶을 마감했다.

이순신이 모함으로 파직되고 서울로 압송되어 혹독한 고문 끝에 풀려났던 1597년 4월 1일, 《난중일기》의 기록은 간명하고 냉정하다.

"맑다. 옥문을 나왔다."

무인다운, 사실에 기초한 엄정한 기록이다. 이순신 장군을 소재로 한 소설 《칼의 노래》를 쓴 김훈은, 《난중일기》에 대해 "무인武人이 아니고서는 구사할 수 없는 아무런 수사학이 없는 문장"이라고 평가했다.

이순신 장군은 옥에서 풀려났지만 어머니가 세상을 떠나는 청천벽력 같은 일이 생겼다.

같은 해 10월 14일.

"뼈와 살이 떨리고 정신이 아찔하고 어지러웠다. '통곡'이란 두 글자가 쓰인 편지를 받았다. 막내아들 면의 전사. 천지가 캄캄하고 해조차 빛이 변했구나."

아들의 전사 소식까지 겹치며 그해 충무공에게는 이루 말할 수 없는 고난이 닥친 것이다.

《난중일기》는 임진왜란이 시작된 1592년부터 충무공이 노량해전으로 전사한 1598년까지의 진중 기록이다. 유네스코가 '역사적으로 유례를 찾을 수 없는 기록물'이라며 《난중일기》를 세계기록유산에 등재했다.

082

“역사란 무엇이뇨? 인류 사회의 ‘아(我)’와 ‘비아(非我)’의 투쟁이니.”

신채호申采浩

1880년 현재의 대전에서 태어난 독립운동가다. 단재丹齋라는 호로도 잘 알려져 있다. 〈황성신문〉과 〈대한매일신보〉의 논설진과 주필로 활약했다. 1910년 연해주로 망명한 뒤 임시정부에 참여했고, 1936년 뤼순 감옥에서 순국했다. 무장독립투쟁에 가담하기도 했다. 《조선상고사》 등 역사 관련 저술과 《을지문덕》, 《이순신전》 등 민족영웅들의 전기를 다수 펴냈다.

▌ 단재 신채호는 타협을 몰랐다. 세수도 고개를 숙이지 않고 빳빳이 세운 채로 물을 찍어 발랐다. 저고리와 바짓가랑이가 흠뻑 젖었지만 아랑곳하지 않았다.

"역사란 무엇이뇨? 인류 사회의 '아我'와 '비아非我'의 투쟁이 시간부터 발전하며 공간으로 확대하는 심적 활동의 상태 기록이니."

단재의 명저, 《조선상고사》의 시작이다.

일부에선 지나친 민족주의나 무정부주의자란 평가도 있지만 일제치하에서 '조선의 것'과 민족을 강조한 세계관의 맥락에서 봐야 한다. "역사를 잊은 민족에게 미래는 없다"란 단재의 말은, 역사를 수시로 잊으려고 애쓰는 일본을 이웃으로 하고 있는 한, 잊지 말아야 할 한마디다.

한편 신채호 선생은 조국을 생각하며 적잖은 시를 남겼다.

"너의 눈은 해가 되어 여기저기 비치우고 지고 님 나라 밝아지게/너의 피는 꽃이 되어 여기저기 피고 지고 님 나라 고와지게 (중략)/살은 썩어 흙이 되고 뼈는 굳어 돌 되어라 님 나라 보태지게."

단재의 작품 〈너의 것〉이란 시이다.

083

“나는 우리나라가 세계에서 가장 아름다운 나라가 되기를 원한다.”

김구金九

1876년 황해도 해주에서 태어난 독립운동가이자 정치인이다. '평범한 사람'을 뜻하는 백범白凡이란 호도 잘 알려져 있다. 젊은 시절 동학혁명에 가담하기도 했다. 1919년 대한민국 임시정부에 참여, 임시정부 국무령, 주석 등을 지냈다. 광복 후 귀국, 남북 협상을 위해 평양에 다녀오는 등 조국 통일을 염원했지만, 1949년 6월 26일 경교장에서 안두희의 흉탄에 사망했다.

“세상에서 가장 좋은 것이, 완전하게 자주 독립한 나라의 백성으로 살아 보다가 죽는 일이다. 나는 일찍이 우리 독립정부의 문지기가 되기를 원하였거니와, 그것은 우리나라가 독립국만 되면, 나는 그 나라의 가장 미천한 자가 되어도 좋다는 뜻이다.”

백범白凡 김구, 〈그의 소원〉이다.

“나는 우리나라가 세계에서 가장 아름다운 나라가 되기를 원한다. 가장 부강한 나라가 되기를 원하는 것은 아니다. 오직 한없이 가지고 싶은 것은 높은 문화의 힘이다.”

백범 김구, 〈그가 원하는 나라〉다.

백범은 일본의 명성황후 시해에 분노해 일본군 장교를 죽인 뒤 감옥에 갇혔다가 탈옥해 공주 마곡사에 숨었다. 해방 후 다시 마곡사를 찾은 백범은 기둥에 쓰인 글을 보고 감회에 젖는다. ‘각래관세간 유여몽중사(却來觀世間 猶如夢中事 · 돌아와 세상을 보니 모든 일이 꿈만 같구나)’라는 글도 많은 사람에게 회자되고 있다.

084

“대한독립의 소리가 천국에 들려오면 나는 마땅히 춤추며 만세를 부를 것이다.”

안중근安重根

1879년 황해도 해주에서 태어난 군인이자 독립운동가다. 고려 말의 대유학자인 안향의 후예로 대대로 대지주인 명문가 집안이었다. 동학농민전쟁 때는 아버지와 함께 동학군 정벌에 참여하기도 했다. 1905년 대한제국이 일본의 속국이 되자 독립운동에 투신, 이토 히로부미를 처단했다. 옥중에서 《동양평화론》을 집필했고 1910년 뤼순 감옥에서 순국했다.

▌ 1909년 10월 26일 오전, 하얼빈 역에서 '한국 침략의 원흉' 이토 히로부미를 저격한 대한의병참모중장 안중근 의사는 태극기를 꺼내 '코리아 우레(한국 만세)'를 외치고 러시아 헌병에 당당히 체포됐다.

러시아 검찰관의 예비 심문에서, 안중근은 이토는 동양 평화의 교란자이므로 대한의병참모중장의 자격으로 그를 총살한 것이라고 밝혔으며, 재판에서 '명성황후를 시해한 죄, 한국 황제를 폐위한 죄' 등 이토의 죄악 15개를 열거했다.

왼손 식지食指의 반이 왜 없느냐는 일본인 판사의 물음에 안중근은 대답했다.

"동지와 모여 동양평화가 유지될 때까지는 천신만고하여 국사에 진취하기를 동맹하였을 때 손가락을 잘라 맹세한 것이다."

예정대로 사형이 언도됐고, 부슬비가 내리는 1910년 3월 26일 오전 10시. 안중근 의사는 뤼순 감옥의 형장에서 이슬로 사라졌다.

"나는 천국에 가서도 또한 마땅히 우리나라의 회복을 위해 힘쓸 것이다. 대한독립의 소리가 천국에 들려오면 나는 마땅히 춤추며 만세를 부를 것이다."

그의 유언이었다.

085

"근로기준법을 준수하라! 우리는 기계가 아니다!"

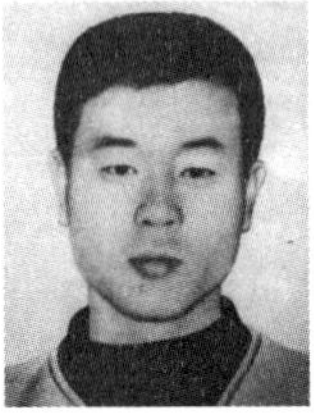

전태일全泰壹

1948년 대구에서 출생한 1970년대를 대표하는 노동운동가다. 청계천 평화시장 피복 공장에서 재단사 보조와 재단사로 일했다. 열악한 노동환경 개선을 위한 노동자의 권리투쟁을 했고 1969년에는 청계천 노동자들의 노동운동 조직인 '바보회'를 만들어 노동운동에 적극 나섰다. 1970년 분신으로 세상을 등졌다.

▌ 1970년만 해도 서울 청계천 평화시장은 이름처럼 평화롭지 않았다. 시다와 재단사들은 봉제 공장에서 하루 15시간이 넘게 일을 해야 했다. 게다가 철야작업도 밥 먹듯 했다.

16살에 평화시장에 들어온 전태일은 살인적인 노동 현실을 통해 세상에 눈을 떴다. '대학생 친구 한 명만 있었으면 좋겠다'고 말하던 그는 근로기준법을 연구하며 정부에 노동조건 개선을 요구했지만 그에게 돌아온 것은 냉대뿐이었다.

1970년 11월 13일 평화시장에 500여 명의 노동자들이 근로기준법 화형식을 치르기 위해 모였다. 갑자기 전태일이 몸에 불을 지르고 외쳤다.

"근로기준법을 준수하라! 우리는 기계가 아니다! 일요일은 쉬게 하라!"

23살 청년 전태일은 구호를 외치며 쓰러졌고 이것이 그의 마지막이었다. 그의 한마디는 역사에 남았고, 1970년대 민주노조운동의 촉매제가 됐다.

"내 사랑하는 친우여, 받아 읽어 주게. 나를 아는 모든 이여, 나를 모르는 모든 이여. 부탁이 있네. 나를, 지금 이 순간의 나를 영원히 잊지 말아 주게."

전태일 열사가 남긴 유서의 첫 머리처럼, 그가 소원했던 것처럼 그는 우리 곁에서 영원히 기억되고 있다.

086

"단 한 명이라도 굶주림을 겪고 있다면 우리는 수치심으로 얼굴을 가리고 다닐 충분한 이유가 있다."

루이스 이나시오 룰라 다 실바 Luiz Inacio Lula da Silva

1945년 브라질 페르남부쿠의 가난한 농촌에서 태어난 노동운동가이자 정치인이다. 집안 형편으로 어렸을 때부터 노동자 생활을 했고, 자연스럽게 노동운동가가 됐다. 금속노조위원장으로 노동운동에 본격적으로 뛰어들었고, 2002년 4번째 도전 끝에 브라질 최초의 노동자 출신 대통령으로 당선됐다. 이후, 2006년 재선에 성공했고 2010년에 물러났다.

'룰라'라는 익숙한 이름으로 알려진 전 브라질 대통령은 두 번의 임기를 마치고 2010년 말 물러났다. 세계를 놀라게 한 것은 퇴임 직전의 지지율이 87%였다는 것이다. 정치인의 지지율이 90%에 육박한다는 건 있을 수 없는 일이다. 진보적이든 보수적이든, 많이 가졌든 가난하든 모든 이들에게 지지를 받아야 가능하기 때문이다. 특히 선거에 승리해 자신감이 넘치는 취임 초가 아닌, 자신의 실력이 드러날 대로 드러난 퇴임 시점에서의 지지율은 기적적인 수준이었다.

초등학교도 졸업하지 못해 2002년 대통령 당선증이 자신의 삶에 최초의 증서였던 선반공 출신의 룰라가 취임할 당시, 브라질은 국가부도를 염려할 수준의 나라였지만 국내총생산GDP 기준을 세계 8위로 끌어올렸고, 2014년의 월드컵과 2016년의 하계 올림픽 유치가 상징하듯 경제대국으로 다시 발돋움했다.

"단 한 명이라도 굶주림을 겪고 있다면 우리는 수치심으로 얼굴을 가리고 다닐 충분한 이유가 있다."

룰라 지지율의 비밀은 평범하다. 특정 집단의 이익을 대변하지 않았고, 반대하는 사람과도 무릎을 맞대며 얘기했다.

087

“노병은 죽지 않는다.
다만 사라질 뿐이다.”

더글러스 맥아더Douglas MacArthur

1880년 미국 아칸소 주州에서 태어난 군인이다. 장군 출신인 아버지 아서 맥아더 2세의 영향을 받아, 웨스트포인트로 진학하여 수석으로 졸업했다. 1·2차 세계대전에 참전했고, 유엔총사령관으로 인천상륙작전 등 한국전쟁을 지휘했다. 퇴역 후 언론인과 기업가로 활약하기도 했다. 1964년 사망했다.

▌ 인천상륙작전으로 한국전쟁의 흐름을 바꾼 맥아더 유엔군 총사령관 겸 미국 극동군 총사령관은, 중국군의 참전으로 뜻밖의 궁지에 몰렸다. 그는 핵 투하와 만주로 진군 등의 확전을 주장했지만 미국 정부는 맥아더를 미치광이 취급했고, 트루먼 대통령은 그를 해임했다.

해임 통보를 받고 52년간의 군 생활을 끝낸 맥아더 장군은 1951년 4월 19일, 상·하원 합동회의에서 37분간의 역사적인 고별 연설을 했다. 박수로 인해 연설은 40번 가까이나 중단됐다. 이 연설에 '노병은 죽지 않는다'라는 별칭이 붙은 것은 연설의 마지막 때문이었다.

"저는 가장 즐겨 부르던 어느 군가의 후렴 한 구절을 기억하고 있습니다. '노병은 죽지 않는다. 다만 사라질 뿐이다'라는 내용입니다. 그리고 저는 그 노래 속의 노병처럼 이제 군 생활을 마감하고 사라지려 하고 있습니다. 자신의 의무를 다하려고 애쓴 한 노병으로 말입니다."

'전쟁광'이란 비난도 있었지만, 장군의 아들로 태어나 "걷고 말하기도 전에 총 쏘는 법을 배웠다"고 말할 만큼 맥아더는 천생 타고난 군인이었다.

1964년 84세를 일기로 노병처럼 사라졌다.

088

"스스로 속지 맙시다. 오늘날 우리는 냉전의 한복판에 있습니다."

버나드 만네스 바루크Bernard Mannes Baruch

1870년 사우스캐롤라이나에서 독일계 유대인 이민 가정의 4형제 중 둘째로 태어난 기업인이자 정치가다. 대학을 늦게 나와 사환으로 시작해 월가의 전설적인 투자자로 이름을 날렸다. 백만장자이면서 케네디 대통령 등의 경제보좌관으로 지내며 '숨은 대통령'이라 불리기도 했다. 1·2차 세계대전에서 전시산업위원장을 맡아 생산과 가격통제를 하기도 했다. 1965년 사망했다.

▌ 정책 토론을 즐겼던 버나드 바루크는 1947년 4월 16일 고향에서 열린 자신의 초상화 제막 행사에서 간단한 답례 연설을 했다.

"스스로 속지 맙시다. 오늘날 우리는 냉전의 한복판에 있습니다. 적들은 곧 해외에서, 국내에서 모습을 드러낼 것입니다. 세계평화는 우리의 희망이자 목표지만 적들에겐 절망이자 패배일 뿐입니다."

이후 오랫동안 미국과 소련의 갈등으로 팽팽한 긴장감이 흐르게 되는 세계를 규정하고 숱한 이들의 입에서 인용될 '냉전'이란 단어가 탄생한 순간이었다. 이전에도 냉전이란 단어가 없지는 않았지만 바루크가 말한 냉전은 소련과 미국으로 대표되는 서방 강대국 간의 이념 대결이란 맥락에서 사용한 것이어서 그의 한마디는 우리가 흔히 쓰는 '냉전'의 원조로 평가받고 있다.

한편 그는 주가 폭락의 와중에서도 전혀 손해를 입지 않은 데다, 남들과 함께 투자하기보다는 혼자서 움직이는 경우가 많아 '월가의 외로운 늑대'란 별명을 얻은 전설적인 투자자였다. 경제적으로 남들이 놀랄 만한 성공을 했고, 정치적으로도 승승장구했던 그는 95살까지 장수했다.

089

"264가지 치즈가 생산되는 나라를 어떻게 다스릴 수 있겠는가."

샤를 앙드레 조제프 마리 드 골
Charles André Joseph Marie de Gaulle

1890년 프랑스 릴에서 태어난 군인이자 정치인이다. 육군사관학교를 졸업하고 1·2차 세계대전에 참전했으며, 레지스탕스운동에도 적극 가담했다. 종전 후 총리를 2번이나 지냈고, 1958년 제5공화국의 초대 대통령에 이어 재선됐으나 1969년 선거에 패배했다. 은퇴 후에도 정계의 원로로 존경받다가 1970년 사망했다.

프랑스인들은 그를 '드골 장군'이라고 부른다. 은퇴 후 재산이 달랑 집 한 채였던 이 인물은 프랑스 역대 대통령 중 가장 존경받는 지도자로 꼽힌다.

그는 '프랑스를 두 번 구했다'란 평을 받는다. 제2차 세계대전에선 레지스탕스를 이끌었고, 1944년 파리가 해방되자 입성하여 프랑스 임시 정부의 수반이 되었다가 홀연히 은퇴했다. 그러나 식민지 알제리에서 정변이 일어나 또 다시 나라가 위기에 몰리자, 대통령 중심제인 제5공화국 초대대통령으로 등장했다.

의회에 불만이 있었지만 의회를 해산하지 않았고, 우파의 지지를 받았지만 좌파를 무시하지 않았다. 알제리 문제 역시 '폭도'를 제압해 줄 것이란 우파의 생각과 달리 알제리를 해방시키는 쪽으로 결론냈다. 이에 프랑스 극우 집단들의 반발이 거세져 총격 테러 등 여러 번 암살의 고비를 넘겼다. 하지만 드골은 강단 있는 모습을 보였다.

"나는 이 불운과 싸우는 데 좋은 무기를 가지고 있었다. 국민이 나를 지지한다는 사실이 나의 갑옷이고, 가치 있는 길을 꿋꿋이 걸어간다는 사실이 나의 칼과 같았다."

드골 대통령은 다양한 개성을 가진 프랑스 국민들을 통치하는 것이 보통 어려운 일이 아니라며 명언을 남겼다.

"264가지 치즈가 생산되는 나라를 어떻게 다스릴 수 있겠는가."

090

"세상에 3명의 바보가 있다. 예수 그리스도, 돈키호테, 그리고 나다."

시몬 호세 안토니오 데 라 산티시마 트리니다드 볼리바르 이 팔라시오스 폰테 블랑코Simon Jose Antonio de la Santisima Trinidad Bolivar y Palacios Ponte Blanco

1783년 베네수엘라에서 태어난 정치인이다. 어린 나이에 부모를 잃고 큰누나 집에 사는 등 불우한 소년기를 보냈다. 1810년부터 중남미 국가의 독립투쟁에 나섰다. 스페인 식민지였던 베네수엘라, 콜롬비아, 에콰도르를 묶는 '대大 콜롬비아' 구상을 위해 병력을 이끌고 콜롬비아로 진격, 1819년에 임시정부 대통령으로 추대됐다. 1823년에는 페루를 독립시켰다. 1830년 콜롬비아 대통령에서 물러난 뒤 폐결핵 투병 중 사망했다.

▌ 중남미에서 시몬 볼리바르는 '해방자'로 칭송된다. 그도 그럴 것이 베네수엘라, 콜롬비아, 파나마, 에콰도르, 볼리비아, 페루 등 6개 나라를 스페인의 식민지에서 해방시킨 지도자이기 때문이다. 이들 나라에서 볼리바르는 국부國父로 추앙받고 있다.

볼리바르는 나폴레옹의 공격으로 스페인이 쇠약해지자 1810년부터 독립운동에 가담했다. 정글을 헤치고, 안데스 산맥을 넘고, 적은 병력으로 여러 나라를 해방시켜 한니발이란 평가를 받기도 한다. 특히 '대 콜롬비아공화국'을 통해 거대한 남미 전체의 연방제공화국을 꿈꿨지만 각 지역 분리를 원하는 세력 때문에 꿈이 현실에서 배반당하자 콜롬비아 공화국 대통령직을 내려놓고 여행길에 오른다.

1830년 12월 17일 결핵에 걸려 47살의 나이로 죽기 전, 의사에게 말했다.

"세상에 3명의 바보가 있다. 예수 그리스도, 돈키호테, 그리고 나다."

돈키호테처럼 허황된 몽상가였을지 모르지만, 그의 이름은 공항에, 광장에, 화폐에 남미의 곳곳에 여전히 남아 있다. 세상을 떠난 차베스 베네수엘라 대통령이 나라 이름을 '베네수엘라 볼리바르 공화국'으로 바꿀 정도로 볼리바르의 영향력은 지대했다.

091

"유태인을 죽이는 일과
나는 아무런 관련이 없다.
나는 유태인이든 비유태인이든
결코 죽인 적이 없다."

오토 아돌프 아이히만Otto Adolf Eichmann

1906년 독일 슐레지엔에서 태어난 정치인이다. 독일 나치 정권 친위대 중령으로 유대인 대학살의 실무를 책임졌고, 아르헨티나로 피신해 이름을 바꾸고 15년을 살았다. 1960년 이스라엘로 압송돼 1962년 이스라엘에서 형장의 이슬로 사라졌다. 철학자 한나 아렌트가 아이히만의 재판 과정을 참관한 뒤 쓴 《예루살렘의 아이히만》을 통해 그의 법정에서의 태도가 널리 알려졌다.

▌ 독일 나치의 친위대 장교로 유태인 학살의 주범 중 한 명이었던 아돌프 아이히만은 클레멘트라는 이름으로 아르헨티나에 숨어 살다가 1960년 5월 11일 현지에서 체포돼 이스라엘로 압송됐다.

아이히만은 제2차 세계대전 중 유럽 각지에 흩어진 유대인의 체포와 강제 이주를 꼼꼼하게 계획하고 지휘했다. 유대인들을 집단수용소로 보내 죽음으로 몰아넣은 것도 그의 전력이었다. 그는 무려 15가지 죄목으로 기소됐다.

하지만 그는 법정에서 뜻밖의 평범한 모습을 보였다. 정치학자 한나 아렌트가 아이히만의 재판을 참관하고 쓴 《예루살렘의 아이히만》에서 악의 평범성을 언급해 더욱 유명해졌다. 아이히만은 재판정에서 "유태인을 죽이는 일과 나는 아무런 관련이 없다. 나는 유태인이든 비유태인이든 결코 죽인 적이 없다."고 침착하게 말했다. 정신과 의사들도 그를 '나보다 더 정상'이라고 얘기했다.

교수대로 향한 그는 심지어 위엄 있게 보였다. 와인의 절반을 마신 뒤 검은 두건을 머리에 씌우려 할 때도 거부했다. 그리고 마지막으로 말했다.

"잠시 후면 우리 모두 다시 만날 것입니다. 이것이 모든 사람의 운명입니다."

'아우슈비츠의 악마'는 마지막까지도 자신이 무슨 짓을 했는지 몰랐다.

092

"조금 전 왕위를 버렸습니다."

앨버트 크리스천 조지 앤드루 패트릭 데이비드
Edward Albert Christian George Andrew Patrick David

조지 5세의 맏아들로 1894년에 태어났다. 황태자 시절부터 국민들의 많은 사랑을 받았다. 조지 5세가 죽자 독신인 채로 1936년 1월 즉위했지만 월리스 워필드Wallis Warfield Simpson 부인과의 사랑으로, 같은 해 12월 왕위를 버리고 '윈저공公'으로 살았다. 1972년 심장병으로 파란만장한 삶을 마감했다.

"사랑하는 여인의 도움과 지지 없이는 무거운 책임을 이행해 나가기 어렵다는 것을 깨달았습니다. 저는 조금 전 왕위를 버렸습니다."

1936년 12월 11일 밤 BBC라디오를 통해 흘러나오는 에드워드 8세의 얘기에 영국 국민들은 자신의 귀를 의심했다. 왕위에 오른 지 11달 밖에 되지 않았고, 황태자 시절부터 수려한 외모로 만인의 사랑을 받아 온 왕이어서 국민들의 충격은 더욱 컸다.

충격은 끝이 아니었다. 사임 이유였던 여인이 두 번이나 이혼 경력이 있는 미국 평민인 월리스 심프슨 부인이라는 사실이었다.

에드워드는 왕세자 시절 한 파티에서 심프슨 부인을 운명처럼 만났다. 이후 왕위에 오른 뒤에 심프슨 부인과 결혼하려 했지만 왕실과 의회는 물론 국민들까지 반대했다. 결국 그는 사랑과 왕위 중 사랑을 택하는 드라마 같은 결정을 내린 것이다.

그는 이날 방송을 마치고 곧바로 왕실과 조국을 떠났다. 우여곡절 끝에 윈저공으로 강등된 에드워드 8세는 1937년 프랑스에서 결혼식을 올렸다. 하객은 20명도 안 됐지만 '심프슨 블루'로 유명세를 얻게 되는 푸른색 드레스를 입은 심프슨을 지켜보는 윈저공의 사진은 한 세기의 로맨스의 상징처럼 남았다. 이후 그들은 자녀를 두지 않은 채 35년을 함께 살았다.

093

"내가 바칠 것은
피와 땀과 눈물뿐입니다."

윈스턴 레너드 스펜서 처칠
Winston Leonard Spencer Churchill

1874년 영국의 옥스퍼드셔 주州의 정치 명문가 집안에서 태어난 정치가이자 작가다. 사관학교를 졸업한 뒤 1차 세계대전 당시 해군 장관을 역임했고, 2차 세계대전이었던 1940년에서 1945년까지 영국 42대 총리를 지냈다. 1951년 44대 총리에 재취임해 1955년까지 재임했다. 《회고록》 등으로 1953년 노벨문학상을 받기도 했다. 1965년 90세로 사망했다.

단신에 뚱뚱한 데다 대머리였던 윈스턴 처칠은 노벨문학상을 받은 저술가이자 화가이며, 다재다능한 정치가였다.

처칠은 당적을 자주 바꿨는데 보수당 의원으로 정치를 시작한 뒤 자유당으로 당적을 바꿔 장관을 지냈고 또다시 보수당에 복귀했다. 보수당원 중 일부는 그를 배신자로 여겼다. 하지만 독일군의 기세가 오르자, 결국 처칠이 전시 영국내각의 수장이 됐다.

그리고 전쟁이 한창이던 1940년 5월 10일, 내각에 대한 신임 요청을 위해 의회를 방문한 자리에서 처칠은 역사에 길이 남을 명연설을 남겼다.

"내가 바칠 것은 피와 땀과 눈물뿐입니다. 여러분은 제게 물을 것입니다. 우리의 정책이 무엇이냐고. 나는 대답하겠습니다. 맞서 싸우는 것이라고. 바다와 땅과 하늘에서, 하느님이 우리에게 주신 모든 능력을 동원해 싸우는 것이 우리의 정책입니다."

그의 명연설에 감명 받은 의회는 만장일치로 내각을 통과시켰다.

낮잠을 즐겼던 처칠은 2차 세계대전 중에도 낮잠을 빠뜨리지 않았다. "낮잠은 전쟁을 승리로 이끌고 가야 할 책임을 완수할 수 있는 유일한 방법"이란 게 처칠의 주장이었다.

094

“나는 베를린 시민입니다.”

존 피츠제럴드 케네디John Fitzgerald Kennedy

1917년 매사추세츠 주州에서 태어난 미국의 정치인이다. 하버드 대학을 졸업한 뒤 하원의원과 상원의원을 지내면서 민주당 정치인으로 두각을 나타냈다. 1960년 미국 35대 대통령에 당선돼 쿠바 미사일 위기 등에 대해 적극적 대응으로 명성을 떨쳤다. 1963년 오스왈드의 총탄에 암살될 때까지 2년가량 대통령직을 수행했지만 미국 역사상 위대한 대통령으로 평가받고 있다.

0.2%의 접전 끝에 미국의 최연소 대통령이 된 인물의 취임 연설은 강렬했다.

"국민 여러분, 조국이 당신을 위해 무엇을 할 수 있을 것인지 묻지 말고, 당신이 조국을 위해 무엇을 할 수 있는가를 물으십시오."

많은 이들이 그의 취임사를 명연설로 기억하지만 존 F. 케네디 최고의 연설은 따로 있다.

1963년 6월 26일, 2차 세계대전 후 처음으로 베를린을 찾은 미국 대통령은 연도에 늘어선 수백만 명의 환호를 받고, 서베를린에서 40만 명이 넘는 군중 앞에 섰다. 그는 "모든 자유인은, 그가 어디에 있든 베를린 시민입니다"라고 말했다. 특히 마지막에 단 4마디의 독일어로 말한다.

"나는 베를린 시민입니다Ich bin ein Berliner."

당시 언론에선 이 말로 케네디가 독일인들을 황홀경에 빠뜨렸다고 할 정도로 인상적인 보도를 했다. 냉전 시대, 한때는 적국이었던 독일의 한복판에서 친구로 연대를 표명했다는 점에서 역사적인 한마디로 평가를 받고 있는 것이다.

존 F. 케네디는 대통령이 되면서 여러 기록을 세웠다. 최연소는 물론, 1917년생으로 20세기에 태어난 첫 대통령, 최초의 가톨릭 신자 출신 대통령 등이다. 댈러스에서 저격당해 숨졌지만 그가 임기를 채웠다면 미국의 역사는 달라졌을 것이다.

095

"우리 모두 리얼리스트가 되자.
그러나 가슴에는 이상을 품자."

에르네스토 라파엘 게바라 데라세르나
Ernesto Rafael Guevara de La Serna

1928년 아르헨티나 중산층 가정에서 태어난 정치인이자 공산주의 혁명가다. 부에노스아이레스 대학 의대에 재학하던 중, 오토바이를 타고 남미를 여행하는 동안 비참한 남미 대중의 삶을 본 뒤, 의사로서의 편한 삶을 버리고 혁명가로 변신한다. 평생의 동지인 피델 카스트로를 만나 쿠바혁명의 주역이 됐다. 하지만 혁명의 성공 후 쿠바 2인자의 자리를 박차고 다시 게릴라로 돌아갔다. 결국 1967년 10월 8일 볼리비아 산악지대에서 잡혀 총살됐다.

▌ 친구를 뜻하는 '체che'라는 친숙한 이름으로 잘 알려진 그는, 아르헨티나에서 태어났지만 쿠바의 혁명가였고, 아프리카에서 게릴라였다가 볼리비아 산악 지대에서 삶을 마감했다.

그의 죽음 앞에 프랑스 철학자 샤르트르는 "오늘 우리 시대에 가장 완전한 인간을 잃었다."라고 말하며 슬퍼했다.

미숙아로 태어나 심하게 앓았던 천식을 평생 고질병으로 가지고 있었던 그는, 언제 총알이 쏟아질지 모를 전장에서도 책과 시가를 손에 놓지 않았다. 매일 일기를 빼곡히 썼고 가족들에게 편지를 보내는 것도 잊지 않았다.

"우리 모두 리얼리스트가 되자. 그러나 가슴에는 이상을 품자."

1960년 라쿠브르호 폭발 사건의 희생자 추모식에 참석한, 베레모를 쓴 게바라의 모습은 코르다가 찍고 세계에서 가장 많이 인화되며 이 구절과 함께 오랫동안 기억되고 있다.

그의 삶은 39년 밖에 안 됐지만, 티셔츠로, 책으로, 머그잔으로도 세계 곳곳에서 생생히 살아 있다.

096

“주사위는 던져졌다!”

가이우스 율리우스 카이사르Gaius Julius Caesar

BC 100년 로마에서 태어난 정치인이자 군인이다. 로마의 유서 깊은 집안 출신으로 BC 59년 집정관에 취임했고, 반란이 일어난 지금의 서유럽인 갈리아를 평정했다. 8년간의 갈리아전쟁을 기록한 《갈리아 전기》는 고대문학의 걸작으로 평가받고 있다. BC 44년 공화파 암살자들에게 난자당했다.

▌ 무장 해제를 요구한 원로원, 이는 사실상 자신을 죽이겠다는 얘기나 마찬가지였다. BC 49년 1월, 정예부대를 이끌고 루비콘 강 앞에 선 카이사르는 잠시 고민한다. 하지만 '이 강을 건너면 인간 세계가 비참해지고, 건너지 않으면 내가 파멸한다'고 맘을 먹는다. 이어 카이사르는 병사들에게 외친다.

"주사위는 던져졌다!"

그러고는 로마로 진격, 결국 쿠데타에 성공한다. 귀족 세력과 결탁하고 카이사르를 제거하려 했던 폼페이우스의 뒤를 쫓아 온 카이사르는, 내친 김에 소아시아 반란을 평정했다.

"왔노라, 보았노라, 이겼노라."

그가 원로원에 보낸 승전 소식이었다. 사실상 황제가 됐던 카이사르에게 귀족 세력의 반격이 시작됐다.

동방 원정을 앞둔 어느 날, 원로원에 들어간 카이사르는 귀족들에 둘러싸였고, 단도가 그의 몸으로 날아온다.

"브루투스, 너마저!"

자신의 후계자였던 인물이 다가오는 것을 본 카이사르의 입에서 나온 말이었다.

097

"내게 자유가 아니면 죽음을 달라!"

패트릭 헨리 Patrick Henry

1736년 미국 버지니아 주州에서 태어난 정치가다. 농장 경영 등 여러 차례의 사업 실패 후 독학으로 변호사가 됐고, 1765년 버지니아 식민지 회의 의원으로 독립투쟁에 나섰다. 독립 혁명 뒤 종교의 자유를 법률로 제정하는 데 관심을 쏟았다. 1799년 주 의원으로 당선됐지만, 얼마 되지 않아 사망했다.

노예가 될 것인가, 아니면 자유인이 될 것인가?

굴종의 삶과 주인의 삶 중 무엇을 선택할 것인가에 대한 역사적인 한마디는, 영국의 지배를 받던 시절 미국에서 나왔다.

영국의 미국 식민지에 대한 탄압이 강경해지자, 저항 세력의 기세도 높아지고 있었다.

버지니아 주州 저항 세력은 1975년 3월 23일 리치먼드의 교회에 모였다. 한쪽에선 무장 출동을 피하자는 의견도 있었지만, 다른 쪽에선 민병대를 만들어 전쟁을 하자는 갑론을박이 이어졌다. 이때 한 사람이 등장해 분위기를 평정했다.

이 연설을 한 인물은 독학으로 변호사가 된 뒤 웅변가로 주목받고 있었던 패트릭 헨리였다.

"평화는 없고, 전쟁은 시작됐다. 노예가 되고 있는데도 목숨이 그렇게 소중한가. 나는 이렇게 외친다. 내게 자유가 아니면 죽음을 달라!"

연설이 끝나자 박수 갈채가 쏟아졌다.

패트릭 헨리가 리치먼드 교회에서 한 실제 연설 내용이 정확히 후대에 전해지지는 않고 있지만, 이 말은 미국 독립운동의 도화선이 된 상징으로 역사에 전해지고 있다.

098

" 우리가 두려워해야 할 것은
두려움 그 자체뿐이라고
확실히 믿습니다. "

프랭클린 델러노 루스벨트Franklin Delano Roosevelt

1882년 미국 뉴욕에서 태어난 정치가다. 하버드대를 졸업한 뒤 뉴욕 주州 상원으로 정계에 입문했고, 뉴욕 주지사를 지냈다. 후버 대통령에 이어 1933년 민주당 후보로 37대 미국 대통령에 당선된 뒤 1945년까지 미국의 37~40대 대통령을 지냈다. 대공황과 2차 세계대전에 슬기롭게 대처했다. '노변정담' 등으로 미국 역사상 존경받는 대통령으로 항상 꼽힌다. 1945년 사망했다.

1933년 프랭클린 루스벨트가 미국 대통령 취임 선서를 할 때, 미국은 두려움에 깊이 빠져 있었다. 공식적인 실업률은 25%였고, 길거리는 실직자로 가득했으며 노숙자만 200만 명이 넘었다. 거기에다 나라 밖에서는 전쟁의 조짐이 확연했다. 하지만 루스벨트는 두려움의 본질을 꿰뚫어 보고 있었다.

첫 취임 연설에서 그는 말했다.

"우리가 두려워해야 할 것은 두려움 그 자체뿐이라고 확실히 믿습니다. 우리의 의지를 마비시키는, 이름도 이유도 근거도 없는 두려움만 극복하면 후퇴를 전진으로 뒤바꿀 수 있습니다."

두려움 속에 죽어가는 미국 경제에 대한 그의 처방은 정부가 적극적으로 시장에 개입하는 뉴딜New Deal정책이었다.

특히 그는 난롯가에서 정다운 얘기를 나누듯 라디오를 통해 주기적으로 격식을 깨고 국민들에게 연설을 했다. 이 '노변정담'을 통해 루스벨트의 마음이 국민들에게 전해졌고 미국경제도 회복됐다.

그는 2차 세계대전의 종전을 보지 못하고, 1945년 4월 2일 세상을 떠났는데 그때도 역시 대통령이었다. 그는 1933년 3월부터 1944년 4월까지, 미국 역사상 전무후무한 4선의 대통령이었다.

099

"나는 왜 노예인가?
나는 도망칠 거야.
나는 참지 않을 거야."

프레더릭 오거스터스 워싱턴 베일리

Frederick Augustus Washington Bailey

1818년 메릴랜드에서 태어난 노예해방운동가다. 어머니가 노예여서 노예 신분으로 태어났다. 1845년 자서전인 《미국인 노예 프레더릭 더글러스의 삶의 이야기》를 펴내면서 엄청난 반향을 일으켰고 노예제 폐지운동에 적극 나선다. 1889년 아이티 공사 등을 역임했고, 1895년 세상을 떠났다.

▌ 미국의 흑인 해방사에서 가장 먼저 떠올리는 인물은 링컨 대통령이다. 하지만 실제 노예 출신으로 노예해방에 기여한 인물이 있다. 우리에겐 낯선 이름인 프레더릭 더글러스다. 흑인 노예였지만 노예제 폐지운동가는 물론 정치인, 외교관으로 폭넓은 인생을 살았다.

1818년 그는 흑인 노예인 어머니와, 노예주奴隸主로 추정되는 백인 아버지 사이에서 태어났지만 당시의 관례에 따라 그는 사람이 아닌 '재산'인 노예로 강제노동에 시달렸다.

더글러스 인생의 전환점은 12살 때 알파벳을 배운 일이다. 주인집 아내에게 글을 배웠지만, 이를 알게 된 노예 주인의 반대로 공부가 중단되었다. 노예가 글을 익히는 것이 법적으로 금지되어 있던 시절이었기 때문이다. 그러자 그는 동냥하듯 길거리에서 백인 아이에게 글을 익혔다. 그리고 20살 때, 굳은 결심을 한다.

"나는 왜 노예인가? 나는 도망칠 거야. 나는 참지 않을 거야. 붙잡히든 탈출에 성공하든 나는 시도할 거야."

그는 자유 도시인 뉴욕으로의 탈출에 성공한다. 이때 노예사냥꾼들의 눈을 피하기 위해, 성을 베일리에서 더글러스로 바꿨다. 이후 그의 삶은 노예제 폐지운동에 초점이 맞춰진다. 그는 연설가로 크게 이름을 떨친다. 남북전쟁 때 흑인부대를 조직했고, 미국 정부 고위직에 임명된 최초의 흑인이란 기록도 세운다.

100

“역사가 나를 무죄로 평가할 것입니다.”

피델 알레한드로 카스트로 루스 Fidel Alejandro Castro Ruz

1926년 쿠바에서 태어난 공산주의 혁명가다. 아바나 대학에서 법학을 전공했고, 사회주의운동에 열중하며 1956년 바티스타 정권을 무너뜨리고 쿠바혁명에 성공하며 쿠바의 총리와 국가평의회 의장을 지냈다. 2008년에는 집권 52년 만에 동생인 라울 카스트로에게 의장직을 넘기면서 2선으로 후퇴했다.

1953년 7월, 20대 대학생이었던 카스트로는 동료들과 함께 쿠바의 제2도시 산티아고의 몬카다 병영을 습격했지만 곧바로 진압됐다. 하지만 이것이 쿠바혁명의 도화선이 될 줄은 카스트로를 포함해 많은 사람들은 상상조차 하지 못했다.

동지들 중 많은 이들이 비극적인 결말을 맞아야 했지만, 카스트로는 처형되지 않았다. 오히려 이해 10월부터 시작된 특별재판에서 카스트로는 많은 사람들의 주목을 받았다.

카스트로가 최후진술에 나섰다.

"폭정에 항거에 반란을 일으키는 것은 모든 이들의 권리입니다. 저는 동료 70명의 목숨을 앗아간 독재자의 광분을 두려워하지 않은 것처럼 감옥 역시 두렵지 않습니다. 저에게 유죄판결을 내리십시오. 그런 것은 전혀 중요하지 않습니다. 역사가 나를 무죄로 평가할 것입니다."

그에게 15년형이 선고됐다. 하지만 여론의 압박 때문에 21개월 만에 카스트로를 석방한다. 이후 카스트로는 멕시코로 건너간 뒤 1956년 체 게바라 등과 함께 쿠바로 돌아와 혁명을 일으켰고, 1959년 1월 카스트로 혁명군은 아바나에 입성, 혁명정부를 세운다. "역사가 나를 무죄로 평가할 것"이란 최후진술을 한 지 6년 만이었다.

101

“피신처에 있는 우리 33명 모두는 괜찮다.”

33인의 광부

2010년 8월 5일 칠레의 한 광산이 붕괴됐을 때 이 사건이 ‘세계적인 드라마’가 될 것으로 생각한 사람은 없었다. 700m 아래에선 보름이 되도록 아무 소식이 없었다. 생환의 기대를 접을 무렵, 사건 발생 17일 만에 구조대의 드릴에 한 장의 메모가 달려 왔다. ‘69일간의 생존드라마’로 전 세계에 일제히 보도되었다.

“피신처에 있는 우리 33명 모두는 괜찮다.”

손바닥만 한 종이에 붉은 펜으로 쓰인 이 쪽지는 전 세계인을 감동시킨 ‘69일간의 생존드라마’의 시작이었다. 17일 동안 그들을 버티게 한 것은 48시간마다 먹었던 참치 한 스푼과 가족에 대한 사랑이었다.

10월 13일 구조가 시작됐고, 22시간 만에 33번째 마지막 광부가 지상에 모습을 드러냈다. 작업반장인 루이스 우르주아였다.

‘전사’란 별명이 붙은 그는 가라앉는 배의 선장처럼 침착하고 강력한 리더십을 발휘했다. 비극이 될 수 있었던 이 드라마는 전 세계 정상들의 축전 속에 해피엔딩으로 마무리됐다.

칠레 광부의 감동의 드라마는 끝났지만 이후 들려오는 소식은 감동적이지는 않은 듯하다. 당시 사고에 대해 칠레 검찰이 광산 소유주 등에 대해 책임을 물을 증거가 없다고 종결시켜 칠레 광부들을 낙담시켰기 때문이다.

광부들은 광산 소유주를 상대로 소송을 제기한 상태다. 세계인을 환호시켰던 광부들의 삶 역시 어려운 것으로 외신들은 전하고 있다. 가난은 물론 악몽 등의 정신적인 고통을 겪는 사람도 있고, 일부는 알코올에 의존하고 있는 것으로 전해지고 있다.

102

"우리가 굶주림에 죽어갈 때 제국주의 기업들이 빼앗아 간 것을 우리 형제들이 접수했다."

가말 압델 나세르Gamal Abdel Nasser

1918년 이집트 알렉산드리아에서 태어난 군인이자 정치가다. 사관학교 졸업 뒤 2차 세계대전에 참전했고, 1952년 청년장교 쿠데타를 주도했다. 1956년 대통령에 취임해 1970년까지 재임하면서 이집트 산업화와 함께 아랍권 반식민지운동에 나서면서 '제3세계'의 대표적인 리더로 주목받았다. 1970년 공항에서 쓰러져 사망했다.

1956년 7월 26일 알렉산드리아 광장에 수만 명의 군중이 모였다. 가말 압델 나세르 이집트 대통령의 일장 연설이 이어졌다.

"우리가 굶주림에 죽어갈 때 제국주의 기업들이 빼앗아 간 것을 우리 형제들이 접수했다."

연설 중에 '접수'가 진행됐고 3시간 연설과 함께 접수가 끝났다. 이날 나세르가 접수한 것은 세계 최장인 수에즈운하였다.

1869년 지중해와 홍해를 잇는 수에즈운하의 개통은 '혁명적인 사건'이었다. 노동자 100만 명 이상이 투입돼 지중해와 홍해를 잇는 운하가 건설되면서 유럽의 무역선들이 아프리카를 통하지 않고 아시아에 갈 수 있게 되었기 때문이다.

나세르가 수에즈운하의 국유화를 전격 선언한 것 역시 '혁명적인' 일이지만 수에즈운하를 소유했던 영국과 프랑스는 충격에 빠졌다. 처칠은 나세르를 '사악한 돼지'라고 비난했다. 영국과 프랑스 양국에 이스라엘까지 합세하여, 수에즈전쟁으로 이어졌지만 미국이 중재에 나서 결국 나세르의 뜻대로 수에즈운하는 이집트 소유가 됐다. 이 사건은 '나세르주의'로 불린 아랍민족주의의 승리, 대영제국 몰락의 상징으로 역사에 남았으며, 나세르는 아랍의 리더로 떠올랐다.

103

"화의를 주장하는 것은 나라를 파는 것이다(主和賣國)."

이하응李昰應

1820년 태어난 정치가다. 대한제국 고종의 친아버지로 고종이 왕위에 오르자 왕의 살아 있는 아버지로 대원군이 돼 1863년 어린 고종을 대신하여 10년간 섭정했다. 사원철폐 등 개혁 조치와 함께 열강의 개방 요구에 쇄국정책으로 맞섰다. 며느리인 명성황후에 의해 권좌에서 축출된 뒤 재집권했지만 친러파에 의해 다시 권좌에서 내려온 뒤 1898년 사망했다.

왕실 종친 이하응(후에 흥선대원군으로 불림)은 안동 김 씨 세도가의 눈을 피하기 위해 건달 행세를 하면서 절치부심했다. 마침내 아들 고종을 즉위시킨 뒤 섭정에 나서 서원철폐 등 강력한 개혁정치를 펼쳐나간다. 하지만 세상은 서양세력이 밀고 들어오는 서세동점西勢東漸의 형국이었다.

병인년과 신미년에 두 차례 서양 오랑캐의 침입을 물리친 자신감으로 대원군의 쇄국 의지는 더욱 굳어졌다.

"서양 오랑캐가 침범했을 때 싸우지 않는 것은 곧 화의하는 것이요, 화의를 주장하는 것은 나라를 파는 것이다洋夷侵犯 非戰則和 主和賣國."

"우리 자손만대에 경고하노라! 병인년에 짓고 신미년에 세운다戒我萬年子孫 丙寅作 辛未立."

12자의 큰 글자와 그 옆에 작은 글자로 각각 새겨진 척화비가 서울 종로 네거리 등 곳곳에 세워졌다.

임오군란으로 흥선대원군이 청나라에 납치되자, 일본의 요구로 한때 모두 철거됐다. 세계사의 큰 흐름에 눈을 감고, 조선이 근대국가로의 전환에 실패하는 대목이기도 하다.

104

“내 목은 칠 수 있어도 내 머리카락은 자를 수 없다.”

최익현崔益鉉

1833년 경기도 포천에서 태어난 학자이자 독립운동가이다. 1855년 과거에 급제해 동부승지 등에 올랐다. 을사늑약 이후 전라북도 정읍 등에서 의병 활동을 펼쳤지만 관군에 체포돼 일본 대마도에 유배됐다. 유배지에서 단식 투쟁을 펼쳤고 그 후 유증으로 1907년 75세로 사망했다. 《면암집》 등의 저서를 남겼다.

면암 최익현은 구한말의 전형적인 고집불통 선비였다. 구한말 단발령이 내려졌을 때 "내 목은 칠 수 있어도, 내 머리카락은 자를 수 없다"라며 반대했다.

1876년 일본과의 병자수호조약 체결을 반대하며 궁궐 앞에 도끼를 멘 채 꿇어 상소를 올렸다. 상소를 받지 않으면 도끼로 목을 베리라는 '도끼 상소'였다.

흥선대원군이 물러나는 과정에서도 최익현의 상소가 큰 몫을 했다. 경복궁 중건을 위한 당백전 발행으로 인한 재정 파탄 등을 들어 정권의 실권자인 대원군의 탄핵을 주장한 〈계유상소〉를 올려 대원군은 실각하고 고종의 친정체재가 구축됐다. 하지만 최익현은 임금의 아버지를 비난했다는 이유로 제주도로 유배되었다.

1906년 일흔 셋의 나이로 "살아서 원수의 노예가 되기보다 죽어서 충의로운 넋이 되는 것이 낫다"며 호남에서 의병을 일으켰고, 일본 대마도로 끌려간 이듬해에 일흔 넷의 나이로 세상을 떠났다.

제주도에서 3년, 흑산도에서 또 3년 등 섬으로 2번이나 유배를 갔던 면암은 결국 적국의 섬나라에서 꼿꼿한 선비의 삶을 마감했다. 대마도에서 "왜놈이 주는 쌀은 단 한 톨도 삼키지 않겠다"며 일본인이 주는 음식을 거부하는 단식 투쟁을 펼쳤다. 그의 시신이 부산에 도착하자 사람들이 영구를 붙들고 통곡해, 장례 행렬이 움직이지 못할 정도였다고 한다.

105

"필요하다면 그런 소망을 위해 죽을 준비가 돼 있다."

넬슨 롤리랄라 만델라Nelson Rolihlahla Mandela

1918년 남아프리카연방 무베조에서 태어난 정치가다. 남아프리카공화국의 백인 정권의 흑백분리정책에 맞서다 반역죄로 27년간 복역했다. 1990년 감옥에서 나온 뒤 1994년 남아프리카 공화국에선 처음으로 흑인 대통령에 당선됐다. 1993년 노벨 평화상을 받았고, 2013년 95세를 일기로 타계했다.

"나는 백인이 지배하는 사회에도, 흑인이 지배하는 사회에도 맞서 싸웠다. 모든 사람이 평등한 기회를 갖고 함께 살아가는 사회를 건설하는 이상을 간직해 왔다. 내가 성취하고자 하는 소망이다. 필요하다면 그런 소망을 위해 죽을 준비가 돼 있다."

1964년 4월 20일, 내란 혐의로 재판 받던 수인번호 '46664'가 사형선고를 각오하고 했던 유명한 최후진술이다.

흑백분리정책에 맞서다 27년간 감옥에 갇혔던 그는 남아프리카공화국의 첫 흑인 대통령이 됐지만 용서와 화합을 앞세워 압제자 백인을 용서했다.

"한 사람이 태어나 국민과 국가를 위해 해야 할 의무라고 생각하는 것을 다 마쳤다면 그는 평안하게 안식을 취할 수 있다. 난 그런 노력을 했다고 믿고 그래서 영원히 잠잘 수 있을 것이다."

만델라가 수감 생활 중 동료에게 들려주었던 영국 시인 윌리엄 헨리의 시詩, 〈인빅터스(Invictus, 꺾이지 않는, 불굴의)〉의 구절도 널리 알려져 있다.

'나를 감싸고 있는 밤은 /
온통 칠흑 같은 어둠 /
나는 그 어떤 신이든, 그 신께 감사하노라 /
내게 정복당하지 않는 영혼을 주셨음을.'

106

“누렇든 검든,
쥐만 잡으면 좋은 고양이다.”

덩샤오핑鄧小平

1904년 중국 쓰촨 성省에서 태어난 정치가다. 프랑스 유학 후 대장정 등 공산주의운동에 참여했고, 정치국 상무위원 등을 지냈다. 실용주의 노선 문화대혁명으로 고초를 겪은 뒤 복귀와 실각을 거듭하면서 ‘오뚜기’란 별명을 얻었다. 1981년 최고지도자에 올라 실용주의 노선으로 과감한 개혁 조치를 단행했다. 1997년 93세의 나이로 세상을 떠났다.

중국 개혁·개방의 캐치프레이즈인 '흑묘백묘黑猫白猫론'은 중국의 오늘을 설계한 덩샤오핑鄧小平이 한 말로 잘 알려져 있다. 1962년에 그가 "누렇든 검든, 쥐만 잡으면 좋은 고양이다"고 말한 것인 흑묘백묘의 시작이다.

이 발언에서 알 수 있듯 원래는 흑묘백묘가 아니라, '흑묘황묘黃猫黑猫'였다. 쓰촨四川성의 속담에서 유래한 이 말은 노란색과 검은색보다 더 뚜렷한 대비색인 흑과 백으로 변형되어 일반인에게 퍼진 것으로 추정된다.

덩샤오핑의 실용주의를 상징하는 말로 '흑묘백묘론'이 잘 알려져 있지만, '남파북파南坡北坡론'도 비슷한 얘기다.

"남쪽 언덕이든 북쪽 언덕이든 꼭대기만 오르면 된다"라는 뜻으로, 이 역시 중국의 오늘을 있게 한 덩샤오핑의 명언이다.

그는 자본주의 노선을 추구하는 주자파走資派에 몰려 실각했고, 흑묘백묘론도 잊혔지만 1978년 그가 복권되면서 부활되었다. 덩샤오핑은 복권 뒤, "왜 시장을 말하면 자본주의고, 계획을 말하면 사회주의가 되는가"라며 중국식 시장경제를 도입했다. 오늘날 중국이 미국과 함께 G2로 전 세계를 호령하고 있는 것의 근원에는 덩샤오핑이 있다.

107

"짐은 죽는다. 그러나 국가는 영원하리라."

루이 디외도네Louis Dieudonné

1638년 루이 13세의 아들로 태어났다. 23년이나 후사가 없다가 태어난 왕자였기 때문에 '신의 선물'이란 칭호를 받았다. 1643년 여섯 살의 나이로 프랑스 왕위에 올랐고, 베르사유 궁전을 지은 절대군주로 프랑스라는 국가의 기틀을 잡았다는 평가를 받는다. 1715년 세상을 떠났다.

▌ 루이 14세는 왕의 권력을 신에 의해 승인된 것이라고 믿었다. '태양왕'이란 칭송이 나온 것은 프랑스를 유럽 최강국 반열에 올려놓았기 때문이다. 여기에는 재무상이었던 콜베르의 역할이 컸다. 콜베르는 중상주의 경제정책을 앞세워 프랑스 국부를 크게 늘렸다.

"바람직한 조세 원칙은 거위가 비명을 지르지 않게 최대한 많은 깃털을 뽑는 것이다."

콜베르는 같은 양의 털을 뽑더라도 거위가 비명을 덜 지르게 하는 것이 중요하다고 보고, 조세 징수의 기술을 비유해 얘기했다. 이 발언은 세금을 늘릴 때마다 자주 인용되면서, 그 때마다 논란을 불러일으켰다.

루이 14세의 재위 기간 중 프랑스는 유럽 전체와 싸웠다는 말이 나올 정도로 계속된 전쟁으로 인해 국가의 경제력은 쇠퇴했다. 국민들은 전쟁으로 늘어난 국고 지출을 무거운 세금으로 충당해야 했다.

베르사유 궁전이 상징하는 호화판 궁정 생활도 프랑스 민중의 피폐한 삶과 대조됐다.

루이 14세는 77세의 나이에 "짐은 죽는다. 그러나 국가는 영원하리라"는 유언을 남기고 세상을 떠났다.

108

"이곳에서 한 말은
오래 기억되지 않을지라도
우리가 한 일은 길이 남을 것이다."

리처드 밀허스 닉슨Richard Milhous Nixon

1913년 미국 캘리포니아에서 태어난 정치가다. 듀크대에서 법학을 공부한 뒤 1946년 하원의원을 시작으로 정치에 입문하여 1952년 아이젠하워 대통령의 러닝메이트로 부통령이 됐다. 1968년 미국 37대 대통령으로 당선됐고, 1972년 재선됐지만 워터게이트 사건으로 물러난 뒤 1994년 사망했다.

‘죽竹의 장막’을 먼저 넘은 것은 2.5g짜리 탁구공이었다.

1971년 4월 10일 미국 탁구 선수단 15명이 베이징공항에 내렸다. 친선경기였지만 훗날 ‘핑퐁 외교’로 역사에 기록됐다. 그리고 열 달 뒤인 1972년 2월 21일 리처드 닉슨 미국 대통령이 중국 땅을 밟았다.

예상을 깨고 방문 첫날 마오쩌둥毛澤東 중국 주석과 닉슨 대통령 간의 전격적으로 역사적인 회담이 열렸다.

저녁 만찬에서 닉슨은 유명한 링컨 대통령의 게티즈버그 연설을 인용했다.

“이곳에서 한 말은 오래 기억되지 않을지라도 우리가 한 일은 길이 남을 것이다.”

1979년 미국과 중국은 정식수교를 했다. 닉슨은 핑퐁 외교로 이름을 날렸지만, 임기 중 최초로 탄핵으로 물러난 대통령이란 오명도 갖고 있다. 1972년 닉슨의 재선을 위해 워터게이트빌딩에 있는 민주당 전국위원회 본부에 도청 장치를 설치하려다 발각된 ‘워터게이트’ 사건으로 탄핵 결의가 되면서 1974년 8월 8일 결국 사임했다.

훗날 닉슨이 “경제나 외교 등 큰 일들은 성공했지만, 몇 가지 잘못을 저지르기도 했다”고 밝힌 것은 이 때문이다.

109

"사관(史官)이 알게 하지 말라."

태종太宗

1367년 태조 이성계와 왕후 한 씨의 다섯째 아들로 태어난 조선의 임금이다. 1차 왕자의 난을 거쳐 조선 3대 임금으로 즉위했고 1418년까지 왕위를 유지했다. 조선 초기, 국가의 기틀을 잡고, 사병 혁파 등을 통해 왕권을 강화한 왕으로 평가받고 있다. 1418년 아들 세종에게 왕위를 물려주고 상왕으로 국정을 감독하다 1422년 승하했다.

태종 4년 2월 8일, 태종이 사냥을 나가 노루를 쏘다 말에서 떨어졌다. 일어나 좌우를 둘러보던 태종이 말한다.

"사관이 알게 하지 말라."

하지만 조선왕조실록에는 "알리지 말라"는 내용까지 기록해 뒀다.

태종 1년 4월 29일, 사관 민인생이 편전에 들어온다. 태종은 "들어오지 말라"고 말했다. 민인생은 "사관이 들어오지 못한다면 어떻게 기록하겠습니까"라고 물러서지 않았다. 태종은 어이없다는 듯이 웃으며 "이곳은 내가 편히 쉬는 곳이니 들어오지 말라"고 다시 말했다. 하지만 인생은 "신이 곧게 쓰지 않는다면 위에 하늘이 있습니다"라고 굽히지 않았다.

직필直筆과 하늘(백성)을 앞세워 기록을 남기려는 사관, 이를 멀리하려는 국왕은 늘 갈등 관계였다.

당대 역사의 기록인 사초史草는 조선시대 전제군주였던 왕도 함부로 볼 수 없었다. 태종 역시 아버지의 기록인 자신의 기록은 물론 아버지 때의 역사인 《태종실록》을 보지 못했다.

110

“오늘 보니 눈물이 날 지경이다.”

세종대왕世宗大王

1397년 태종의 셋째 아들로 태어나 1418년 맏형인 양녕대군이 세자에서 폐위되면서 세자에 책봉됐고, 같은 해 태종에 이어 조선 3대 왕으로 즉위했다. 재위 기간 중 한글 창제를 비롯해 측우기 등 과학 기술의 발달과 국경의 확장 등 많은 분야에서 업적을 남겨 ‘성군’으로 추앙받고 있다. 1450년 54살의 나이로 세상을 떠났다.

▌ 태종 뒤를 이어 임금에 오른 세종의 나이는 스물 둘이었다. 왕위에 오르자 '7년 대한大旱'이란 얘기가 나올 정도로 날씨가 가물어, 굶주린 시체가 거리에 즐비했다. 젊은 세종은 광화문 네거리인 6조 관아에 가마솥을 걸고 임금이 먹을 식량으로 죽을 쑤게 했다.

즉위 7년(1425년) 7월 1일의 실록에 의하면 벼농사 형편을 나가서 보겠다며 세종은 우산과 부채扇를 쓰지 않고 서문 밖을 나섰다.

"오늘 보니 눈물이 날 지경이다."

벼가 잘 되지 못한 곳을 보면, 반드시 말을 멈추고 농부에게 까닭을 물었다.

세종은 점심도 먹지 않고 돌아왔다.

"백성은 나라의 근본, 백성은 먹는 것을 하늘과 같이 우러러 보는 것이다."

훈민정음의 창제 역시 '어리석은 백성이 열흘 만에 배울 수 있는' 문자를 만들고자 했던 세종대왕의 애민愛民정신에서 비롯되었다.

111

"풍신수길(豊臣秀吉)은 어떻게 생겼던가?"

선조宣祖

1552년 태어난 조선 14대 임금이다. 중종의 손자로, 어렸을 때 이름은 이균李鈞이다. 명종이 후사 없이 세상을 떠나자 1567년 왕위에 올랐다. 조선 최초의 방계 혈통의 임금이기도 하다. 재위하는 동안 임진왜란을 겪었고, 여진족의 침입 등 외세의 침입에 시달렸다. 전쟁 이후 복구 사업에 심혈을 기울이다, 1608년 경운궁에서 승하했다.

1591년 3월 1일, 1년 전 일본에 파견돼 귀국한 통신사들에게 선조가 묻는다.

"풍신수길(豊臣秀吉 · 도요토미 히데요시)은 어떻게 생겼던가?"

정사正使 황윤길, "눈빛이 반짝거리는 게 담과 지략이 있는 사람인 듯했습니다."

부사副使인 김성일, "눈이 쥐와 같으니 족히 두려워 할 위인이 못 됩니다."

답변은 엇갈렸지만 동인의 세상이었던 조정에선 서인인 김성일이 승자가 된다.

도요토미 히데요시는 조선을 넘어 명나라까지 정복할 마음을 품고 있은 지 오래였다.

이듬해 임진왜란이 발발했다. 무능한 군주였던 선조는 도성이 위험하자 피란길에 올랐다. 호종하는 문무관 수가 100명도 채 되지 않았고, 병조판서가 밥을 얻기 위해 흙탕물을 분주히 오가야 할 정도로 비참했다. 하지만 선조는 평양에서 의주로, 심지어 명나라로 망명까지 생각했다.

그 사이 7년 동안 조선 인구의 3분의 1이 사망할 정도로 한반도는 핏빛으로 물들었다.

112

“국민의, 국민에 의한, 국민을 위한 정부는 이 지상에서 결코 사라지지 않을 것입니다.”

에이브러햄 링컨Abraham Lincoln

1809년 미국 켄터키 주에서 태어난 정치가다. 변호사로 활동하던 중 1834년 일리노이 주州 주의원으로 당선되며 정계에 입문했다. 1861년 공화당 후보로 미국의 16번째 대통령으로 선출되며 임기 중 노예제 폐지에 적극 나섰다. 남북전쟁의 위기를 넘긴 후 1864년 대통령에 재선됐다. 이듬해 연극 관람 도중, 배우 존 윌크스 부스에 의해 암살당했다.

남북전쟁의 향방과 미국의 역사를 바꾼 게티즈버그 전투는 고작 사흘에 불과했다. 하지만 사상자가 5만 명이 넘을 정도로 치열했고 남군과 북군 모두에 큰 상처를 남겼다. 죽은 장병을 위한 추도식이 열린 1863년 11월 19일, 당대 최고의 웅변가였던 에드워드 에버렛은 2시간 가까운 연설로 이미 청중들을 사로잡았다. 뒤이어 등장한 링컨의 연설은 300단어도 채 되지 않은 2분짜리 연설로 끝났다.

"지금으로부터 87년 전 우리의 선조들은"으로 시작된 연설은 "국민의, 국민에 의한, 국민을 위한 정부는 이 지상에서 결코 사라지지 않을 것입니다."로 마무리되었다. 역사상 가장 위대한 연설은 너무 짧아서 박수도 나오지 않았지만, 링컨의 〈게티즈버그 연설〉 이후 150년이나 흐르도록, 민주주의의 의미를 이만큼 압축적으로 잘 설명하고 있는 연설은 보기 드물다.

"누구보다 실패를 많이 경험했다."

그가 말한 역설적인 성공 비결이다. 시골뜨기 변호사에, 얼굴은 비호감이며 당선보다 낙선의 경험이 훨씬 많은 링컨은, 실패를 얘기할 때 사례로 자주 등장하지만, 미국의 가장 위대한 대통령으로 기억되고 있다.

113

"우리는 사물을 있는 그대로 볼 것이다."

미하일 세르게예비치 고르바초프
Mikhail Sergeyevich Gorbachev

1931년 소련 스타브로폴에서 태어난 정치가다. 1985년 소련 공산당 서기장으로 선출돼 최고지도자 자리에 올랐다. 재임 중 소련의 개혁 개방을 추진했다. 1991년 반대파의 쿠데타로 실각의 위기에 몰렸고, 소련이 해체되자 대통령직에서 사임해 사실상 은퇴했다. 냉전을 종식시킨 공로로 1990년 노벨평화상을 받았다.

1985년 3월 11일 소련 최고 통치자로 54살의 청년(?)이 등장했다. 보통 70살이 넘었던 소련 공산당 서기장에 러시아 북부 출신 시골뜨기가 오른 것이다. 그때만 해도 소련의 마지막 서기장이자, 소련의 최초의 대통령이면서 마지막 대통령이 될 줄은 아무도 몰랐다.

고르바초프는 당서기장에 취임하자마자 "우리는 사물을 있는 그대로 볼 것이다"며 현실의 위기를 인정했다. 그는 곧바로 페레스트로이카(perestroilca·개혁)와 글라스노스트(glasnost·개방)를 키워드로 소련 개혁에 나서면서 세계사는 일대 대변혁을 맞게 된다. 동구를 서방에 팔아먹은 '유다'라는 비난도 받았지만, 그의 결단력으로 냉전체제가 해체되고 동구의 민주화가 가속화되었다.

"나는 씨앗을 심지만 수확을 볼 수 없을지도 모른다"는 그의 소련 대통령 취임사처럼 수확에 대해선 논란이 많지만, 씨앗을 심은 것만은 분명하다.

고르바초프의 글라스노스트는 한국도 예외가 아니었다. 소련은 한국전쟁에서의 적국이었다. 1983년 소련 공군기가 대한항공 비행기를 격추시켜 279명의 무고한 민간인 승객들이 죽기도 했다. 적대적이었던 양국 간의 변화는, 1988년 노태우 대통령의 〈7·7 선언〉으로 물꼬가 트였고 1988년의 올림픽에 소련이 참가했다.

특히 1990년 6월 4일 미국 샌프란시스코에서 노 대통령과 고르바초프 대통령이 역사적인 회동을 가졌다. 노태우 전 대통령이 한국 국가 원수로서는 처음으로 소련을 국빈 방문했고, 이듬해 고르바초프가 한국을 답방하는 역사로 이어졌다.

114

“하나의 존재는 함께 자란다.”

헤르베르트 에른스트 카를 프람Herbert Ernst Karl Frahm

1913년 독일 뤼벡에서 태어난 정치가다. 나치 정권 시절 노르웨이 등 해외에서 반나치운동에 참여했다. 1969년부터 1974년까지 통일 전 서독의 총리를 지냈다. 사퇴 후에도 사회민주당 집행위원장으로 정치 활동을 꾸준히 이어갔다. 1971년 공산주의 국가와 화해를 시도한 ‘동방정책’과 동 · 서독 통일에 대한 노력으로 노벨평화상을 받았다. 1992년 사망했다.

빌리 브란트는 베를린 장벽이 무너지는 것을 그 누구보다도 감명 깊게 지켜봤다. 1961년 동독이 쌓기 시작한 장벽이 동독과 서독을 갈라놓기 시작했을 때, 베를린 시장이었던 브란트는 이 장벽을 '수치의 벽'이라고 불렀다.

서독 총리가 된 브란트는 동구 공산권과의 정상화를 위한 동서화해정책인 '동방정책'을 흔들림 없이 추진했고, 동방정책은 마침내 1989년 11월 9일 수치의 상징이었던 베를린 장벽의 붕괴를 이끌어냈다.

브란트는 독일의 통일을 보면서 "하나의 존재에 속하는 것은 함께 자란다"며 한 뿌리의 동반성장을 감격 어린 어조로 강조했다. 이 동방정책의 데탕트 분위기는 한반도에도 이어져 남북한 역시 1972년에 〈7·4남북공동성명〉이라는 역사적인 합의에 이른다.

브란트 하면 떠오르는 역사적인 대표 사진이 있다. 1970년 12월 7일, 독일 총리였던 브란트가 폴란드 바르샤바의 유대인 위령탑 앞에서 무릎을 꿇고 묵념하는 모습을 찍은 사진이다. 이를 지켜본 한 기자는 "이렇게까지 할 필요가 없는 그가, 반드시 이렇게 해야 할 사람들을 대신해 무릎을 꿇었다"고 기록했다.

115

"오늘의 문제는 언론이나 다수결을 통해서가 아니라 쇠와 피를 통해서만 결정된다."

오토 에두아르트 레오폴트 본 비스마르크

Otto Eduard Leopold von Bismarck

1815년 프로이센에서 태어난 외교관 겸 정치인이다. 괴팅겐 대학과 베를린 대학에서 법학을 공부했고, 법률회사에 다니다가 1847년 프로이센 의회 의원으로 당선되며 정계와 연을 맺었다. 재상에 취임한 뒤 '철혈정책'에 따라 군비를 확장, 오스트리아와 프랑스와의 전쟁에서 승리하면서 독일의 통일을 주도했다. 1890년 빌헬름 2세와의 갈등으로 정계를 떠난 뒤 1898년 사망했다.

▌ 1862년 9월 총리가 된 오토 폰 비스마르크는 국회에서 일장 연설을 한다. 이른바 그 유명한 '철혈鐵血연설'이다.

"독일권이 주목하는 것은 프로이센의 자유주의가 아니라 권력이다. 오늘의 문제는 언론이나 다수결을 통해서가 아니라 쇠와 피를 통해서만 결정된다."

이는 군비 증감에 반대한 의회에 맞서 선전포고를 한 셈이다.

적과 동지를 명확하게 구분했던 철혈재상 비스마르크는, 여론의 공감대나 상대 세력에 대한 배려에 힘을 쏟기보다는, 현실을 냉철히 분석하고 이를 실행에 옮겼다.

당대에도 논란이 되었던 비스마르크는 지금 역시 극과 극의 평가를 받고 있다. 철과 혈을 앞세워, 크고 작은 연방의 연합 정도였던 독일의 통일을 이룬 대단한 영웅이란 평가를 받는 반면, 한쪽에선 전쟁과 피에 의존한 독재자이자 나치 정권의 기원이라는 비난도 쏟아지고 있다.

2012년에 비스마르크의 목소리가 복원돼 화제가 됐다.

"일하라, 더욱 일하라, 끝까지 일하라."

그가 123년 만에 육성으로 청년들에게 전하는 또 다른 한마디다.

116

"대중을 지배하는 자가
권력을 장악한다."

파울 요제프 괴벨스Paul Joseph Goebbels

1897년 독일 라이트에서 태어난 나치 정권 관료다. 하이델베르크에서 철학을 공부했다. 소아마비로 병역을 이행하지 못했지만, 1922년 나치스에 입당해 히틀러의 눈에 들어 국민선전장관으로 나치 선전전을 이끌었다. 1945년 4월 30일 히틀러가 자살한 이튿날 가족과 동반자살했다.

독일 대중이 나치즘에 빠진 것은 라디오 때문이었다. 새로운 미디어인 라디오에 주목한 이는 나치 정권 선전장관인 요제프 괴벨스였다. 세계에서 가장 싼 값으로 라디오를 보급했고, 라디오는 '괴벨스의 입'이 되어 히틀러의 일거수일투족을 중계했다.

나치의 거짓말은 대부분 괴벨스의 입을 통해 나왔다.

"선전이란 예술이다."

"나는 아돌프 히틀러를 사랑한다. 그는 위대함과 동시에 단순하기 때문이다."

"거짓말은 처음엔 부정하고 다음은 의심하지만, 계속하게 되면 믿게 된다."

등도 괴벨스의 유명 발언들이다.

'악마의 혀' 괴벨스는 청중의 감성과 본능을 자극하며 최면으로 몰고 가는 최고의 정치연출가였다.

그는 다양한 선전전으로 히틀러라는 최고의 작품을 만들어냈지만 그들로 인해 600만 명의 유대인이 학살되는 등 인류에 씻을 수 없는 죄를 남겼다.

117

“여기 바로,
205명의 공산당원 명단이 있다.”

조지프 레이먼드 매카시 Joseph Raymond McCarthy

1908년 미국 위스콘신에서 가난한 농부의 아들로 태어나 어려운 청소년기를 보냈다. 고학으로 대학을 졸업, 변호사가 된 뒤 정치에 관심을 갖기 시작해 1946년 상원의원에 당선됐다. 이후 '매카시즘'으로 불리는 극단적인 반공주의 활동으로 주목받았다. 그러나 매카시즘이 종말을 거두면서 1957년 48세의 젊은 나이로 세상을 떠났다.

1950년 2월 정치 풋내기였던 조지프 매카시는, 공화당 여성당원 대회에서 서류뭉치를 던지며 정부에 '빨갱이'가 침투했다고 주장했다. 매카시의 폭탄 발언으로 미국은 매카시즘McCarthyism 광풍에 빠졌다.

매카시가 주도한 청문회에 연일 빨갱이로 의심받는 사람들이 불려 나왔고 수십만 명이 조사를 받았다. 그리고 4년 뒤, 미국 육군을 대표한 조지프 웰치가 '빨갱이 사냥'을 주도했던 매카시를 매섭게 몰아붙였다.

"매카시 의원, 당신은 예의도 없습니까."

이 말은 20세기 가장 영향력 있는 발언 1위로 꼽혔다. 육군에 스파이가 있다는 매카시의 근거 없는 공격에 대해, 웰치가 "더 이상 긴 말이 필요 없다"며 돌아서자 박수갈채가 터졌다. 그리고 매카시는 몰락했다. 매카시즘 광풍의 주인공은 우울증과 알코올 중독으로 비참한 말로를 맞았다.

세계적인 배우 찰리 채플린도 이 광풍의 희생자였다. 나치를 비판한 〈위대한 독재자〉를 제작하기도 했던 채플린은 특별한 이유 없이 공산주의자로 낙인이 찍혔다. "나는 공산주의가도 아니고, 세계 시민이다"는 항변도 무색했다. 미국에서 추방당한 채플린에 대해 훗날 아카데미 특별상이 수여되었지만, 깊은 정치적 상처까지 사라진 것은 아니었다.

118

"모든 책임은 내가 진다."

해리 트루먼Harry Truman

1884년 미국 미주리에서 태어난 정치가다. 미주리 주州 연방 상원으로 정계에 입문했고, 프랭클린 루스벨트 대통령이 갑자기 사망하면서 부통령이었던 그는 1945년 대통령을 승계했다. 1948년 재선되어 1953년까지 재임했다. 대통령으로 일하는 중 일본에 원자폭탄 투하 결정을 했고, 한국전 참전 등 역사적인 결단을 내렸다. 1972년 사망했다.

170cm도 안 되는 작은 체구, '리틀 맨little man'이란 별명은 그가 내린 '거대한' 결정과 대조적이다.

"우리는 전쟁의 고통을 짧게 하기 위해 원자폭탄을 사용했습니다."

1945년 8월 6일, 해리 트루먼 미국 대통령은 일본 히로시마에 원자폭탄을 투하했다. 1950년 한국전쟁 참전도 트루먼이 내린 결단이었다.

그는 훗날 "원폭 투하보다 한국전 참전이 훨씬 힘든 결정이었다"고 말했다. 원폭 투하는 강력한 무기를 통해 수많은 사람을 구한 '순수한' 군사적 결단이었다는 것이다.

그의 결단에 논란이 있지만 위기의 순간마다 결정을 내린 지도자란 점에 대부분의 사람들이 동의한다.

"대통령 자리는 마치 호랑이 등에 탄 것 같아서 계속 달려야만 했다. 그렇지 않으면 호랑이에게 잡아먹힐 것 같았다."

트루먼은 자신의 이같은 말처럼 쉼 없이 결정을 내렸다. 트루먼은 집무실에 '모든 책임은 내가 진다'는 글귀를 걸고 결단을 내렸다.

119

"우리 땅에서 먼저 없어지는 것은 당신들이 될 것이오."

응우옌 신 꿍 Nguyen Sinh Cung, 阮生恭

1890년 프랑스령 인도차이나에서 태어난 공산주의 혁명가이자 정치인으로, 호찌민은 가명이다. 프랑스 유학 중 프랑스 공산당에 입당했고, 중국에서 베트남 공산당을 창건하면서 프랑스를 상대로 독립운동을 펼쳤다. 북베트남 최고지도자로 프랑스군에 승리를 거뒀다. 이후 미국을 상대로 전쟁을 펼쳤으나 베트남의 통일을 보지 못한 채 1969년 사망했다.

레닌이면서 간디였던 인물.

간디였지만 총을 들었던 혁명가.

혁명가이지만 국민들에게 '아저씨'로 친숙했던 지도자.

'호 아저씨' 호찌민이다.

음우옌 신 꿍은 이름을 50번 넘게 바꿨는데 호찌민 역시 가명 중 하나다.

호찌민은 1945년 프랑스로부터 독립을 선언했지만 프랑스는 물러나지 않았다.

프랑스 장교를 만난 그는 "우리가 당신네 한 사람을 죽이는 동안 당신들은 열 사람을 죽이겠지요. 하지만 우리 땅에서 먼저 없어지는 것은 당신들이 될 것이오"라고 말했다.

1954년 디엔비엔푸 전투의 승리로 호찌민의 말처럼 80년간 통치했던 당신들, 프랑스는 사라졌다.

호찌민이 한국의 실학자인 다산 정약용을 흠모한 얘기는 널리 알려져 있다. 《목민심서》를 머리맡에 두고 늘 읽었고, 사망할 당시에도 생전에 즐겨 보던 《목민심서》가 놓여 있었다는 얘기가 있다. 그는 "정약용 선생에게 혁명의 길을 찾으면 된다"고 말을 했고, 《목민심서》를 베트남 공무원들의 지침서로 삼기도 했다.

120

“5시 45분,
우리도 응사하고 있다.”

아돌프 히틀러Adolf Hitler

1889년 독일 국경 인근의 오스트리아에서 태어난 나치 독일의 총통이다. 1919년 훗날 나치스가 되는 독일노동자당에 가입했고, 1932년 4월 대통령 선거에서 패한 뒤, 이듬해 수상이 됐고 1934년 힌덴부르크 대통령이 죽자 대통령 지위를 겸해 총통이 됐다. 제2차 세계대전을 일으켰고 유대인 학살의 만행을 저질렀다. 1945년 베를린이 함락되기 직전 자살했다.

1939년 9월 1일, 히틀러가 나치 제복 일색인 의회에서 연설을 시작했다.

"폴란드가 우리 영토에 발포를 했습니다. 오전 5시 45분부터 우리도 응사하고 있습니다. 폭탄에는 폭탄으로, 독가스에는 독가스로 싸울 것입니다."

히틀러의 이 한마디로 시작된 제2차 세계대전은 무고한 5,500만 명의 목숨을 앗아갔다.

히틀러의 의회 연설로부터 70년이 지난 2009년 9월 1일, 앙겔라 메르켈 독일 총리가 폴란드를 정식 방문했다.

"70년 전 오늘 독일의 폴란드 침공이 유럽사에 있어 가장 비극적인 장을 열었습니다. 독일이 유발한 이 전쟁은 수년간의 인권침해, 굴욕, 파괴 등 많은 사람에게 헤아릴 수 없는 고통을 안겨 줬습니다."

독일 총리가 폴란드에서 무릎을 꿇는 동안, 일본의 각료들은 야스쿠니 신사를 참배하고 총리는 침략전쟁 자체를 부인했다.

"과거에 눈을 감으면 현재에 대해서도 눈이 멀게 된다."

독일 대통령이었던 바이츠 체커의 말이다.